Warum trägt in Wien der Schani den Garten hinaus?

KATHARINA TROST
REZA SARKARI

Warum trägt in Wien der Schani den Garten hinaus?

&

99 ANDERE FRAGEN ZU WIEN

METROVERLAG

Vorwort

· · · · · · · · · · · ·

„Man hat Papier, einen Bleistift, einen Radiergummi vor sich und Gedanken, um Bände zu füllen, im Gehirn – alles ist da – nur der erste Satz fehlt. Er fehlt einfach, es ist unheimlich, man kann machen, was man will – er fehlt! Man kann doch unmöglich beim zweiten Satz anfangen?"

Lina Loos (Das Buch ohne Titel)

Da hatte ich es einfacher. Der titelgebende Satz dieses Buches war vom Verlag bereits fixiert, als man mir dieses Projekt anvertraute. Für alle anderen 99 Fragen und natürlich Antworten hatte ich vollkommen freie Hand bei der Recherche. So war es ein Leichtes, eine Auswahl an weniger bekannten Geschichten und G'schichteln über die Stadt Wien zu finden – von den Römern bis zu aktuellen Begebenheiten. Dies verdanke ich in erster Linie meinem Hauptberuf als Fremdenführerin, den ich mit großer Leidenschaft ausübe. Wie die meisten hier Geborenen und Sesshaften habe ich im Laufe der Jahre andere Orte viel besser touristisch erforscht als meine Heimatstadt. Das änderte sich schlagartig mit meiner Ausbildung zum Austria Guide – sie bescherte mir seitdem einen ganz anderen Blick auf Wien und seine Geschichte. Dank dieser besonderen Arbeit entdeckte und entdecke ich immer noch ununterbrochen spannende Details, die faszinieren, amüsieren und leider manchmal auch schockieren. Ich habe mich bemüht, eine möglichst interessante und bunte Melange für dieses Buch auszuwählen.

So sind einige Fragen meiner Gäste aus dem Ausland eingeflossen, die mit den berühmten Wahrzeichen der Stadt zusammenhängen und die sich Einheimische vielleicht niemals stellen würden: Warum tragen die Sängerknaben einen Matrosenanzug? Gibt es schwarze Lipizzaner?

Auch die Wiener Sprache ist eine unendliche Fundgrube für originelle Geschichten – was ist ein Lamourhatscher oder ein Dachhase?

An bekannte und vergessene Persönlichkeiten, die hier auf Besuch waren oder lebten, wie der Schrifsteller Mark Twain oder auch der Komponist Max Steiner, soll ebenfalls gedacht werden.

Ungewöhnliche Ortsbezeichnungen wie das Krapfenwaldl und das Gänsehäufl werden ebenso erklärt wie kuriose Denkmäler oder unglaubliche Zusammenhänge. Oder können Sie sich vorstellen, was das Schweizertor mit Klimts „Goldener Adele" zu tun hat?

Besonders spannend für Wien-Kenner finde ich die kleinen Details, an denen wir vielleicht täglich vorbei gehen oder fahren, sie aber immer übersehen oder nicht hinterfragen. Warum sind manche Straßenschilder oval und manche eckig? Woran erkennt man, dass in Wien früher Linksverkehr war?

Dieses Buch – das bereits dritte einer vom Metroverlag herausgegebenen Reihe – zeigt einmal mehr die vielen Facetten dieser Stadt. Selbst fundierte Wien-Kenner werden hoffentlich Fragen finden, deren Antworten sie überraschen. Und hoffentlich macht das Lesen dieses Buches Lust, andere Seiten Wiens kennenzulernen und vielleicht bei einem Spaziergang Teile der Stadt mit neuen Augen zu betrachten.

Warum trägt in Wien der Schani den Garten hinaus?

....

Der Schanigarten gehört zu Wien wie das Kaffeehaus. Tische zum Sitzen unter freiem Himmel bot um 1750 erstmals der Italiener Johann Jakob „Gianni" Tarroni vor seinem Kaffeehaus am Graben an der Ecke zur heutigen Habsburgergasse an. Hier konnten auch Damen Platz nehmen, während Kaffeehäuser für diese ansonsten damals tabu waren. Einige meinen, dass sich der Begriff „Schanigarten" von „Giannis Garten" ableitet. Doch es gibt noch eine andere Theorie: Viele Kaffeehäuser übernahmen die Idee, Tische vor dem Lokal zu platzieren, und profitierten in den warmen Monaten von dieser neuen Einrichtung. In einem Feuilleton aus dem Jahre 1919 schreibt der junge Joseph Roth über den „Kaffeehausfrühling":

„Er offenbarte sich bisher bloß darin, daß die Kaffeesieder Preise trieben, die tägliche Ausgabe für Frühstück und Jause in die Höhe schoß, im ‚Schwarzen' lenzlichgeheime Säfte goren, die Ausbeutung des Publikums ungeahnte Blüten trieb und das Geschäft überhaupt florierte. So sieht der Wiener Kaffeehausfrühling aus. In der letzten Woche kam noch ein Neues hinzu: Schani trug den Garten hinaus. Der ‚Garten' besteht aus ein paar Latten und Dielenbrettern, die wohlverwahrt auf dem Dachboden Winterschlaf hielten, und einem Gitter aus Drahtgeflechten oder Eisen. Ein besonderes Zuvorkommen dem Mai und den Gästen gegenüber bedeuten noch einige Blumentöpfe und jene grünen Zweige, auf die in diesem abnorm kalten Frühling nur die Kaffeesieder kamen. Und somit ist alles für die Sonne gerüstet, die leider ‚infolge Ausbleibens wichtiger meteorologischer Nachrichten' von der Sternwarte nicht mehr angekündigt werden kann und sich ohne zuverlässige Prognose nicht recht aus den Wolken hervortraut …"

Roth liefert eine schöne Schilderung, wie der vom Schani nach draußen manövrierte Garten meist aussieht: Tische und Sessel werden direkt auf einer Verkehrsfläche oder manchmal auch auf einem Podium aufgebaut und im Idealfall mit ein paar Topfpflanzen verschönert. Ästhetik spielt hier nicht unbedingt die Hauptrolle. „Der Garten ist keine Attraktion, nur eine Zutat zum Wiener Café", meinte schon der Schriftsteller, Theaterkritiker und Kaffeehausspezialist Hans Weigel.

Doch wer ist denn nun dieser Schani, nach dem, einer anderen Theorie folgend, der Schani-Garten eigentlich benannt ist? Dazu bedarf es eines Blickes auf die Kaffeehaushierarchie: An dessen Spitze stand der Kaffeesieder, darunter der Ober (kurz für Oberkellner), der auch kassieren durfte, was dem Zuträger (Kellner) nicht gestattet war. An der untersten Stufe fand sich der Piccolo, der für das Platzieren der Sitzmöbel im Freien verantwortlich war. Der junge Bursche im weißen Sakko wurde, damit man sich nicht immer neue Namen merken musste, der Einfachheit halber immer Schani genannt – die allgemein übliche Abkürzung des Vornamens Johann, Hans oder Jean. Auch Johann Strauß ließ sich von Familie und Freunden mit diesem Kurznamen rufen. Nach ihm ist auch der „Goldene Schani" benannt, eine Auszeichnung der Wirtschaftskammer Wien. Bei diesem Branchenwettbewerb kürt eine Jury die schönsten Schani- und Gastgärten der Stadt mit diesem Titel.

Übrigens gibt es hier einen großen Unterschied: Gastgärten befinden sich im Eigentum des Lokalbesitzers (es muss auch nicht immer ein Kaffeehaus sein), während Schanigärten von diesem nur temporär auf öffentlichem Grund errichtet werden können. Dafür bedarf es natürlich einer Genehmigung der Stadt, die dafür hohe Gebühren einfordert. Auch die Öffnungszeiten waren bisher genau reguliert: Von 1. März bis 30. November dürfen die Gäste bis jeweils 22 Uhr draußen sitzen.

Zwischen 15. Juni und 15. September können die Schanigärten sogar bis 24 Uhr geöffnet sein. In jüngster Zeit bemühte
sich die Gastronomie mit Erfolg um ein Ende der Winter-
sperre, so wie es auch in vielen anderen Städten Europas bereits üblich ist. Gäste sollen die Möglichkeit haben, ihren Kaffee (eventuell auch mit Zigarette) an sonnigen Wintertagen im
Freien zu genießen. Allerdings werden aufgrund der hohen
Abgaben nicht alle Wirte von diesem für sie teuren Angebot
Gebrauch machen. Und so wird der Schani zumindest verein-
zelt wohl auch in Zukunft noch den Garten im Frühling hin-
austragen müssen.

Was ist ein Einspänner?

Der Einspänner hat in Wien mehrere Bedeutungen – man kann ihn essen, trinken oder mit ihm fahren. Mit letzterem ist ein lediglich von einem Pferd gezogenes Fuhrwerk gemeint, das früher auch nur halb so teuer wie ein Fiaker war.

Von den Pferdefuhrwerken soll sich auch eine Kaffeespezialität ableiten, quasi eine frühere Form des heute so beliebten *coffee to go*. Bestellt man einen Einspänner im Kaffeehaus, so bekommt man einen im (Henkel-)Glas servierten Mokka, der von einer dicken Schicht Schlagobers gekrönt ist. Dazu wird extra Staubzucker gereicht. Die Kutscher hielten das Getränk in der einen und die Zügel in der anderen Hand, während sie auf ihre Kundschaft warteten. Durch die Schlagobershaube blieb der Kaffee lange heiß, konnte aber durch Umrühren sofort abgekühlt werden, falls ein Gast einstieg. In die teurere Fiaker-Kaffeevariante gehört noch ein Schuss Alkohol.

Wer nun Lust auf etwas Pikantes bekommen hat, kann zum Würstelstand gehen und sich dort einen Einspänner bestellen. Hier bekommt er ein einzelnes Stück von einem sonst im Paar servierten Frankfurter, Sacher oder Wiener Würstel.

Wann genehmigt man sich ein Gabelfrühstück?

. . . .

Das Gabelfrühstück ist eine pikante Zwischenmahlzeit, die mit der Gabel zu sich genommen wird, und zwar gegen 11 Uhr, also nach dem morgendlichen Frühstück, aber noch vor dem Mittagessen. Klassische Speisen sind das kleine Gulasch, Frankfurter Würstel, ein Beuschel, Eierspeisen und Ähnliches.

Seinen Ursprung hat der Imbiss in Frankreich, wo man ihn unter dem Namen *déjeuner à la fourchette* kennt. Gerade unter Franz Joseph wurde das Gabelfrühstück auch bei den Hofbeamten sehr populär. Der Kaiser, der sich selbst als oberster Beamter seines Staats sah, stand jeden Tag um spätestens 5 Uhr früh auf und nahm ein kleines Frühstück mit Tee oder Kaffee, mürbem Gebäck und kaltem Schinken zu sich. Am späten Vormittag stärkte er sich dann gerne mit einem kleinen Gericht, eben einem Gabelfrühstück, das er meist im Stehen an seinem Schreibpult zu sich nahm. Dazu genehmigte er sich ein Krügerl Bier oder ein Glas Rotwein, das Mittagessen ließ er dann jedoch meist aus.

Literarisch wurde das Gabelfrühstück von Josef Weinheber in dem Gedicht „Der Phäake" verewigt, das den Müßiggang der Österreicher in Verbindung mit der Leidenschaft für alles Kulinarische in launiger Weise thematisiert. In der ersten Strophe heißt es:

„Ich hab sonst nix, drum hab ich gern
ein gutes Papperl, liebe Herrn:
Zum Gabelfrühstück gönn' ich mir,
ein Tellerfleisch, ein Krügerl Bier,
schieb an und ab ein Gollasch ein,
(kann freilich auch ein Bruckfleisch sein).
Ein saftiges Beinfleisch, nicht zu fett,
sonst hat man zu Mittag sein Gfrett."

Wo schwimmt die Beamtenforelle?

Nirgends. Ursprünglich war damit ein Salzstangerl gemeint und sollte den Unmut der Beamten über ihr geringes Gehalt ausdrücken, für das sie sich nicht einmal eine echte Forelle zum Essen leisten konnten. Nach dem Zweiten Weltkrieg wandelte sich der Begriff und bezeichnete eine Knack- oder Brühwurst, die, auseinandergeschnitten und beidseitig angebraten, mit einer Beilage serviert wird – ein Gericht, das man auch heute noch als typisches Tagesmenü in einem Wiener Beisl (Gasthaus) finden kann. Die Beamtenforelle wird immer wieder mit ÖVP-Bundeskanzler Julius Raab in Verbindung gebracht – sie war seine Lieblingsspeise. Raab ging als „Vater" des Österreichischen Staatsvertrages, dessen abschließende Verhandlungen er in Moskau als Bundeskanzler erfolgreich leitete, in die Geschichte ein. In der Sternstunde desselben, am 15. Mai 1955, überließ er allerdings seinem Freund und politischem Mitstreiter Leopold Figl den Vortritt, damit dieser als Außenminister das wichtige Dokument zur Wiederherstellung der souveränen und unabhängigen Republik Österreich im Marmorsaal des Schloss Belvedere unterzeichnen konnte. Stolz präsentierte Figl anschließend den Staatsvertrag vom Balkon den jubelnden Österreichern, während Raab auf dem berühmten Foto neben den Außenministern der vier Alliierten nur auf der Seite zu sehen ist. Beim abendlichen Gala-Diner zur Staatsvertragsunterzeichnung in der Großen Galerie von Schloss Schönbrunn gab es allerdings keine Beamtenforellen, sondern echten Zander.

In seinen Jahren als Bundeskanzler von 1953 bis 1961 stabilisierte Raab die österreichische Währung und erreichte im allgemeinen Wirtschaftsaufschwung Vollbeschäftigung. Davon können Politiker heute wohl nur träumen. An den „Staatsvertragskanzler" erinnern ein im Zaun des Volksgartens eingelassenes Denkmal gegenüber dem Parlament sowie eine Tafel in der Sauerburggasse 8 im 19. Bezirk, wo er bis zu seinem Tod am 8. Jänner 1964 gewohnt hat.

Was macht ein moderner Säulenheiliger auf der Ringstraße?

. . . .

Auf der Wiener Ringstraße befinden sich unzählige Denkmäler – vom Dichterfürsten Johann Wolfgang Goethe bis zu Maria Theresia, übrigens der einzigen Frau, der bis dato ein Ehrenmal entlang der Ringstraße errichtet wurde.

Beinahe unbemerkt gibt es jedoch in der Nähe des Museums für Angewandte Kunst (MAK) eine Skulptur, die den wenigsten ins Auge sticht. Am Beginn der Weiskirchnerstraße steht inmitten eines Blumenbeets mit Ausrichtung zum Stubenring ein unscheinbares Werk des oberösterreichischen, 1962 geborenen Künstlers Michael Kienzer. Der Vertreter der sogenannten Neuen Skulptur, der übrigens selbst sowohl Student als auch Lehrender an der Angewandten war, nannte sein

Kunstobjekt „Stylit". In der Antike bezeichnete man mit diesem Begriff einen Mönch, der aus asketischen Gründen beschlossen hatte, sein Leben auf einem Pfeiler zu verbringen. Aus diesem Grund wurde auch der Begriff „Säulenheiliger" verwendet. In diesem Fall ist es aber keine menschliche Gestalt, sondern ein Ziehbrunnen, der an der Spitze einer Stange angebracht wurde. Durch die auf gleicher Höhe liegenden Straßenlaternen, die in derselben Metalloptik gestaltet sind, fällt das Kunstwerk im öffentlichen Raum, kurz KÖR, fast nicht auf. Auf der Website zum Thema Kunst im öffentlichen Raum in Wien wird fast ein wenig ironisch zusammengefasst, was von Kienzer wohl durchaus beabsichtigt ist: „In funktionsloser Eleganz und fernab einer abbildenden Zielsetzung steht das Objekt in einem stilisierten Blumentopf vor dem Museum für angewandte Kunst/Gegenwartskunst." Beim nächsten Vorbeikommen also unbedingt einmal darauf achten!

Ist der Ring eigentlich rund?

Man braucht nur einen Plan der Wiener Innenstadt zur Hand nehmen, um zu erkennen, dass der Ring eigentlich nicht kreisrund ist. Er führt, wie die einstige Stadtmauer, um den historischen Kern, ist aber in verschiedene Abschnitte geteilt und erinnert eher an ein Hufeisen. Eine automatische Deformierung ergibt sich im Nordosten durch den Donaukanal. Die natürliche Grenze des alten Wien bestimmt den Verlauf des Franz-Josefs-Kais, der streng genommen gar nicht zur Ringstraße gehört.

Das vor über 150 Jahren errichtete Gesamtkunstwerk wurde nach militärischen Regeln angelegt. Auslöser war die Revolution von 1848, die die dringende Notwendigkeit des Schleifens der alten Befestigungsanlagen vor Augen führte. Nur so konnte

man den Truppenaufmarsch in Zeiten von Gefahren erleichtern. Es wurde daher auch festgelegt, dass die neue, mehr als vier Kilometer lange Straße sehr breit sein musste, damit Revolutionäre keine Barrikaden errichten können. Die Form des Rings war ein so genannter Polygonzug, der sich aus Teilabschnitten zusammensetzte, um in erster Linie geradlinige Schussbahnen zu garantieren. Die Soldaten des Kaisers hätten schlecht um die Kurve feuern können. Das ist der Grund, warum der Prachtboulevard nicht rund ist.

Übrigens: Das französische Wort *boulevard* leitet sich vom deutschen Begriff „Bollwerk" ab und hat damit zumindest in der Theorie schon einen verteidigenden Charakter, was wohl ganz im Sinne des Militärs gewesen sein dürfte.

Wo befindet sich das älteste Museum Wiens?

....

Im Herzen des Arsenals, unweit vom Schloss Belvedere und Hauptbahnhof, befindet sich das Heeresgeschichtliche Museum (HGM). Es gilt seit seiner Schlusssteinlegung durch Kaiser Franz Joseph im Jahre 1856 als ältester, als solcher geplanter Museumsbau der Stadt. Mit dem maurisch-byzantinischen Stil nahmen die Architekten Theophil Hansen und Ludwig Förster bereits den kurz darauf die Ringstraße prägenden Historismus vorweg. Kurze Zeit war in dem innen und außen reich geschmückten Gebäude das Hof-Waffenmuseum untergebracht, die Sammlung wurde aber in das Kunsthistorische Museum eingegliedert. Stattdessen eröffnete schließlich 1891 das k. k. Heeresmuseum.

Heute zeigt das HGM die Militärgeschichte der Habsburgermonarchie vom 16. Jahrhundert bis zu deren Untergang, aber auch darüber hinaus. Ein Saal widmet sich unter dem Motto „Republik und Diktatur" ausführlich der Zwischenkriegszeit und dem Zweiten Weltkrieg, der dem Haus und der Sammlung große Schäden und Verluste zufügte.

Zu den Höhepunkten der ausgestellten Objekte gehört das Auto des Thronfolgers Franz Ferdinand, in dem dieser und seine Frau Sophie am 28. Juni 1914 erschossen wurden. Auch die blutbefleckte Uniform des Erzherzogs kann man in einer Vitrine sehen. Das Attentat führte zum Ausbruch des Ersten Weltkriegs, der ebenfalls bestens dokumentiert ist.

Faszinierend ist weiters Österreichs einstige Rolle als Seemacht, nicht nur im militärischen Bereich, sondern auch jenem der Forschung, wie die Dokumentation der berühmten Payer-Weyprecht-Expedition zum Nordpol zeigt. Erinnerungsstücke an die Belagerung durch die osmanischen Truppen, den Dreißigjährigen Krieg oder die Eroberungen Napoleons gehören ebenfalls zu der umfassenden Sammlung.

Auch architektonisch fasziniert das Gebäude mit seiner reichen Ausstattung. In der Feldherrenhalle gedenkt man der großen Kriegsherren – von Markgraf Leopold I. bis zum großen Prinzen Eugen von Savoyen. In der darüber liegenden Ruhmeshalle erinnern Gemälde an die geschichtsträchtigsten Schlachten während der Habsburgerherrschaft. Trotz all dieser Verherrlichung gilt aber heute der schöne Leitspruch des HGM: „Kriege gehören ins Museum".

Was hat das Palais Ephrussi mit einem Hasen zu tun?

. . . .

Das Palais Ephrussi gehört zu den größten von privater Hand errichteten Häusern auf der Wiener Ringstraße. Das Gebäude an der Ecke des heutigen Universitätsringes zur Schottengasse wurde in den 1870er Jahren von Theophil von Hansen, dem „Stararchitekten" der Gründerzeit, entworfen. Von ihm stammen auch der (nicht mehr existierende) Heinrichshof, das Palais Hansen, das Parlament, der Musikverein und vieles mehr.

Für das Palais Ephrussi gab es bestimmte Vorgaben: ertragreiche Verkaufsräume und Stallungen für vier Pferde im Erdgeschoß, durch eine separate Stiege erreichbare Wohn- und Repräsentationsräume in der Beletage für den Bauherrn und seine Familie sowie drei weitere Stockwerke für andere Hausparteien.

Der angesprochene Bauherr war Ignaz von Ephrussi, ein erfolgreicher Bankier jüdischer Abstammung, dessen Familie eigentlich aus der Ukraine stammte und ihr Vermögen dem Getreidehandel verdankte. Ihr Wohlstand und das Netzwerk der Familie, das sich über ganz Europa zog, war mit dem der legendären Rothschilds vergleichbar.

Nach dem Anschluss 1938 plünderten Nazis das prächtig

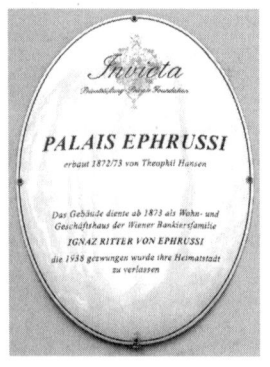

PALAIS EPHRUSSI

erbaut 1872/73 von Theophil Hansen

Das Gebäude diente ab 1873 als Wohn- und Geschäftshaus der Wiener Bankiersfamilie
IGNAZ RITTER VON EPHRUSSI
die 1938 gezwungen wurde ihre Heimatstadt zu verlassen

ausgestattete Palais mit den kostbaren Kunstwerken und Möbeln und arisierten es. In der Beletage richteten sie das „Amt Rosenberg" zur „Überwachung der gesamten geistigen und weltanschaulichen Schulung und Erziehung der NSDAP" ein. Viktor und Emmy von Ephrussi gelang unter Mühen die Flucht, allerdings ohne ihr Hab und Gut. Beide erlebten das Kriegsende nicht mehr. Nach 1945 wurde das kriegsgeschädigte Gebäude an ihre Tochter Elisabeth de Waal restituiert, sie konnte es allerdings nur weit unter dem Marktwert verkaufen. Nachdem jahrelang die Casinos Austria hier ihre Zentrale hatten, gehört es nun der Invicta Privatstiftung, die es 2009 angeblich für 31 Millionen Euro erstanden hatte.

International berühmt wurde das Ringstraßenpalais durch den 2010 erschienenen Bestseller „The Hare with Amber Eyes. A Hidden Inheritance" („Der Hase mit den Bernsteinaugen. Das verborgene Erbe der Familie Ephrussi"). Edmund de Waal, ein in England lebender Nachkomme der Ephrussis, hat die Spuren seiner Familie auf faszinierende Weise nachverfolgt. Der titelgebende Hase mit den Bernsteinaugen ist eine Elfenbeinfigur der geerbten Netsuke-Sammlung, die aus 264 japanischen Miniaturschnitzereien besteht. Sie wurden während des Zweiten Weltkriegs von Anna, einer loyalen Hausangestellten, unter ihrer Matratze versteckt und später der Familie zurückgegeben. Es ist kein Zufall, dass sich de Waal gerade den Hasen als Namenspatron seiner Erinnerungsgeschichte ausgesucht hat. Er symbolisiert Fruchtbarkeit, Wiedergeburt und Wollust, ist aber vor allem ein ständig gejagtes Wesen auf der Flucht. Und natürlich ist Wien auch die Heimatstadt von Albrecht Dürers „Feldhase", was uns gleich zur nächsten Frage führt:

Warum sitzen in der Nähe der Albertina knallbunte Plastik-Hasen?

. . . .

Ein pinkfarbener, überdimensionaler Plastikhase blickt von der Albertina-Passage neben der Oper auf die Ringstraße, ein grasgrüner sitzt auf dem Dach eines Würstelstandes am Fuße des Museums. Hier handelt es sich weder um vergessene Osterdekoration noch um so genannte „Dachhasen". Dieser Begriff stammt aus der Zeit der Türkenbelagerung von 1683, als die Wiener Bevölkerung aufgrund der Lebensmittelknappheit verzweifelt nach Nahrung suchte. In der Not landete so manche Hauskatze auf dem Mittagstisch, allerdings unter dem geschmackvoller klingenden Pseudonym „Dachhase".

Zurück zu den bunten Plastiktieren: Sie sind ein cleverer Schachzug der Marketingabteilung des Museums Albertina, das unter anderem die größte graphische Sammlung der Welt beherbergt. Eines ihrer Meisterwerke ist der berühmte „Feldhase" des Nürnberger Universalgenies Albrecht Dürer (1471–1528). Das 1502 entstandene Aquarell ist eine wunderbare Naturstudie, die allerdings aus konservatorischen Gründen nur alle zehn Jahre im Original zu sehen ist. In der Dauerausstellung der Albertina hängt jedoch immer ein ausgezeichnetes Faksimile. Bei dessen Betrachtung hat man tatsächlich das Gefühl, dass sich die feinen Härchen des Fells beim leisesten Windhauch bewegen könnten. Ganz im Sinne des Humanismus seiner Zeit ist es Dürer mit diesem Bild perfekt gelungen, Kunst und Naturwissenschaft zu vereinen. In der Literatur liest man allerdings immer wieder, dass die Fellzeichnung eher typisch für eine Katze sei, womit wir dann fast wieder beim „Dachhasen" wären.

Woher stammt der Begriff Teebutter?

Beim Begriff Teebutter denkt mancher wohl an den gediegenen britischen *five o'clock tea*, zu dem feines, aus Butter hergestelltes Teegebäck gereicht wird. Tatsächlich stammt der Begriff jedoch aus Österreich und ist hier wie auch in den ehemaligen Staaten des Habsburgerreiches ein Qualitätssiegel: *čajové máslo* (tschechisch), *čajové maslo* (slowakisch), *teavaj* (ungarisch), *čajno maslo* (slowenisch) oder *čajni maslac* (kroatisch) ist im Gegensatz zur Tafel- und Kochbutter ein Milchprodukt der ersten Güteklasse. Die aus Süß- oder Sauerrahm gewonnene Butter konnte in den Achtzigerjahren des 19. Jahrhunderts mittels Zentrifugen industriell hergestellt und vor allem über längere Zeit haltbar gemacht werden, sodass sie nicht so schnell sauer schmeckte.

Der Name soll auf Erzherzog Albrecht von Österreich-Teschen und dessen Adoptivsohn Friedrich zurückgehen, die weite Teile der Monarchie mit Milch, Käse und Butter aus ihrer Teschener Molkerei versorgten. Auf der wohlschmeckenden und streichfähigen Butter waren die Buchstaben T-E-E für „**Te**schener **E**rzherzögliche Butter" gestempelt. Davon soll sich der Name „Teebutter" ableiten, der als Qualitätsmerkmal dann auch für den Export über die Grenzen der Donaumonarchie genutzt wurde. Sogar im englischen Königshaus genoss man Teebutter aus Österreich und das dazu passende Teegebäck. Heute erinnert in den Prunkräumen der Albertina, dem ehemaligen Stadtpalais der erzherzoglichen Familie, ein – wie könnte es anders sein – Teesalon an diese schöne österreichische Erfolgsgeschichte.

Warum wird dem „Vater" der Pille in der Albertina gedacht?

Carl Djerassi (1923–2015) ist gemeinhin als „Vater" der Anti-Baby-Pille in die Geschichte eingegangen, eine Bezeichnung, die er selbst nicht sehr schätzte. Denn mit einer der bahnbrechendsten Entdeckungen des 20. Jahrhunderts wollte er eigentlich kein Mittel gegen Babys, sondern einen wichtigen Beitrag zur Selbstbestimmung der Frau schaffen. Anfang der Fünfzigerjahre hatte der in den USA promovierte Chemiker das Schwangerschaftshormon Gestagen synthetisiert und damit die Grundlage für die Herstellung des Verhütungsmittels entwickelt. Der gebürtige Wiener mit bulgarisch-jüdischen Wurzeln war auch Schriftsteller, Theaterautor, Kunstfreund und vor allem ein Mensch mit einem großen Herzen. Als Zeichen der Versöhnung mit der Stadt, aus der er 1938 von den Nazis vertrieben wurde, schenkte Djerassi 2008 einen Großteil seiner wertvollen Paul Klee-Sammlung dem Museum Albertina. Dessen Direktor Klaus Albrecht Schröder war ihm über die Jahre ein enger Freund geworden. In der nach Carl Djerassi

benannten Galerie werden ständig einige Werke Klees ausgestellt. Auch vor dem Gebäude erinnert eine großzügige Schenkung an den Forscher. Wenn man beim Haupteingang um die Ecke entlang der Längsseite des Gebäudes geht, findet man am Ende der Bastei eine moderne zarte Metallskulptur des amerikanischen Künstlers George Rickey. „Twelve Open Squares" ist eine Art Mobile, das sich im Wind leicht bewegt. Auf dem Podest findet man auf Wunsch des Stifters die berührenden Worte: „Born 1923, Exile 1938, Reconciled 2003". Ursprünglich stand ein noch größeres Werk Rickeys an diesem Ort, aber es hielt den starken Luftströmungen nicht stand. „Four Lines Oblique II" fand nun einen neuen Platz am Universitätscampus (Hof 2). Im ehemaligen Alten AKH wurde Djerassi 1923 geboren, seine Eltern hatten beide hier als Ärzte gearbeitet.

Was ist der Philipphof?

Der Philipphof, direkt hinter der Oper zwischen Albertina und Hotel Sacher, war einst eines der schönsten Mietshäuser Wiens. Errichtet wurde der an allen Seiten frei stehende Prachtbau 1883–84 von Architekt Carl König, der die heute noch existierende ehemalige Börse für landwirtschaftliche Produkte (das Odeon) in der Taborstraße und das Haus der Industrie am Schwarzenbergplatz schuf. Bauherr war Bankier Philipp Zierer, nach dessen Vornamen das Gebäude schließlich genannt wurde. Heute ist der einstige Wohnpalast mit seinen eleganten Appartements und Geschäftslokalen – einst befand sich hier zum Beispiel der elitäre Jockeyclub – verschwunden. Ein schlichtes Kreuz und ein im Boden eingelassener Stein erinnern an eine der größten zivilen Katastrophen Wiens während des Zweiten Weltkrieges.

Am 12. März 1945, dem siebenten Jahrestag der Machter-
greifung der Nationalsozialisten und des tags darauf folgenden
„Anschlusses" Österreichs an das Deutsche Reich, flogen die
Amerikaner einen der schwersten Luftangriffe auf Wien. Dabei wurde auch die Oper zu zwei Drittel zerstört. Gleichzeitig
trafen insgesamt fünf Fliegerbomben das Gebäude, ruinierten
große Teile und lösten einen gewaltigen Brand aus. Hunderte
Menschen verloren an diesem Tag im und vor allem unter dem

Philipphof ihr Leben. In den unterirdischen Gewölben befand sich nämlich ein als besonders sicher geltender öffentlicher Luftschutzkeller. In ihrer Panik hatten nicht nur Leute aus dem Haus dort Zuflucht gesucht, sondern auch Passanten und Nachbarn aus der unmittelbaren Umgebung. Keiner hatte nach dem Luftangriff einen Überblick, wer überhaupt in diesem Keller gewesen war. So wurde etwa spekuliert, dass der Filmemacher und Schauspieler Willi Forst zu den Opfern gezählt habe, weil er seine Produktionsfirma im Philipphof hatte – das stellte sich als Irrtum heraus. Eine genaue Anzahl der Toten gibt es nicht. Man spricht von über 300 Verschütteten, lediglich 180 wurden geborgen. Als man die Ruine 1947 sprengte und stattdessen einen Platz mit einer schlichten Grünfläche anlegte, ließ man die sterblichen Überreste der Bombenopfer für immer darunter ruhen. Heute betrachten Touristen manchmal das Mahnmal gegen Krieg und Faschismus, das im Gedenkjahr 1988 von Alfred Hrdlicka trotz heftiger medialer Kritik hier aufgestellt wurde. Der mittlere Teil „Orpheus betritt den Hades" nimmt direkten Bezug auf die unterirdische Totenwelt mitten in der Stadt.

Was versteht man unter dem pneumatischen Leichentransport?

Ende des 19. Jahrhunderts hegte man Pläne, eine etwas ungewöhnliche Rohrpost versenden. Mittels Luftdruck beförderte man zu dieser Zeit Dokumente und kleine Gegenstände in speziellen Büchsen durch ein Röhrensystem, das sich innerhalb eines Gebäudes, aber auch über weitere Distanzen erstrecken konnte. Dieses 1853 in London vorgestellte und seit 1875 auch in Wien angewandte moderne Postsystem sollte nun eine ganz andere Fracht transportieren: Es gab ernsthafte Pläne, auf diesem Weg Leichen aus der Innenstadt zum weit außerhalb liegenden Zentralfriedhof zu transportieren. Nach dem Motto: Was für Dokumente wunderbar funktionierte, könnte man auch bei Menschen anwenden, zumindest bei toten …

Der erst vor kurzem eröffnete Zentralfriedhof war alles andere als zentral, und der Leichentransport gestaltete sich von Anfang problematisch. Die vielen mit Särgen beladenen Pferdefuhrwerke auf der Simmeringer Hauptstraße führten zu Protesten bei den Anrainern, schlechte Straßen und vor allem die winterlichen Schneeverwehungen taten ein Übriges. Die Pläne für die unterirdische Beförderung lieferten der Architekt Josef Hudetz und der Ingenieur Franz von Felbinger. Laut ihrer Vorstellung sollte der Sarg in einer zentral gelegenen Zeremonienhalle von den Angehörigen verabschiedet werden und dort in den Boden sinken. Über ein pneumatisches Antriebssystem sollten die Särge automatisiert mit bis zu 27 Kilometern pro Stunde durch Tunnel zum Friedhof geschickt werden. Die Presse reagierte teils mit einer gewissen Ironie auf dieses „fortschrittliche" Konzept, so zum Beispiel die „Gartenlaube": „Die dem pneumatischen Dienste anvertrauten Todten werden somit ihre letzte Reise zum Centralfriedhofe in circa sechs Minuten mit einer Geschwindigkeit vollbringen, welche die Züge des europäischen Continentes dem Lebenden zur Zeit nicht bieten."

Der Gemeinderat beschäftige sich durchaus ernsthaft mit der Idee des pneumatischen Leichentransports, aber die hohen Kosten verhinderten die Verwirklichung des utopischen, aber auch pietätlosen Projekts. Das Problem der Sargbeförderung wurde erst 1918 mit der Verwendung der elektrischen Straßenbahn 71 gelöst, die von nun an mit Spezialwaggons meist nachts die Toten zu ihrer letzten Ruhestätte brachte. So wurde die Formulierung „mit'n Anasiebz'ger fahrn" zu einem der unzähligen Wiener Ausdrücke für das Sterben.

Wofür brauchte man einst einen Rettungswecker?

. . . .

„Unsere Gepflogenheiten gewähren in dieser höchst wichtigen Sache nur sehr mangelhafte Sicherheit – Die Todtenbeschau heißt so viel wie gar nichts, und die medizinische Wissenschaft ist leider selbst noch in einem Stadium, daß die Doctoren – selbst wenn sie einen umgebracht haben – nicht einmal gewiß wissen, ob er todt ist." Mit für ihn typischem Sarkasmus spricht der Dramatiker und Schauspieler Johann Nestroy ein nicht nur in Wien, aber auch hier über lange Zeit virulentes Problem an: den Scheintot. Die Angst, lebendig begraben zu werden, war eine berechtigte und für viele Menschen belastende Vorstellung. Nestroy schloss dagegen quasi eine Versicherung ab und veranlasste deshalb testamentarisch, dass ihm vor seinem Begräbnis ein Herzstich als endgültiger „Lebensfadenabschneider" – wie der Sprachkünstler den Tod einmal nannte – zu verpassen sei. Das dafür nötige Stilett gehörte bis zum Ende der Monarchie zur Standardausrüstung jedes Arztkoffers. Durch den Stich in das Herz stellte man sicher, dass der soeben Verblichene tatsächlich mausetot war.

Mit einer anderen Erfindung versuchte man ab circa 1800, dem gefürchteten Scheintot entgegen zu wirken: An der Hand eines im offenen Sarg liegenden Leichnams wurde eine Schnur samt Fallstange angebracht, die unterirdisch mit dem Zimmer des Totengräbers verbunden war. Wenn sie in Bewegung gebracht wurde, wurde auf der anderen Seite ein Alarm ausgelöst. Ein Exemplar des Rettungsweckers kann man sich im Bestattungsmuseum auf dem Wiener Zentralfriedhof ansehen. Es wurde 1828 von Johann Nepomuk Peter für den Währinger Friedhof (heute Schubertpark) gestiftet und soll viele Wiener dazu bewogen haben, sich dort eine

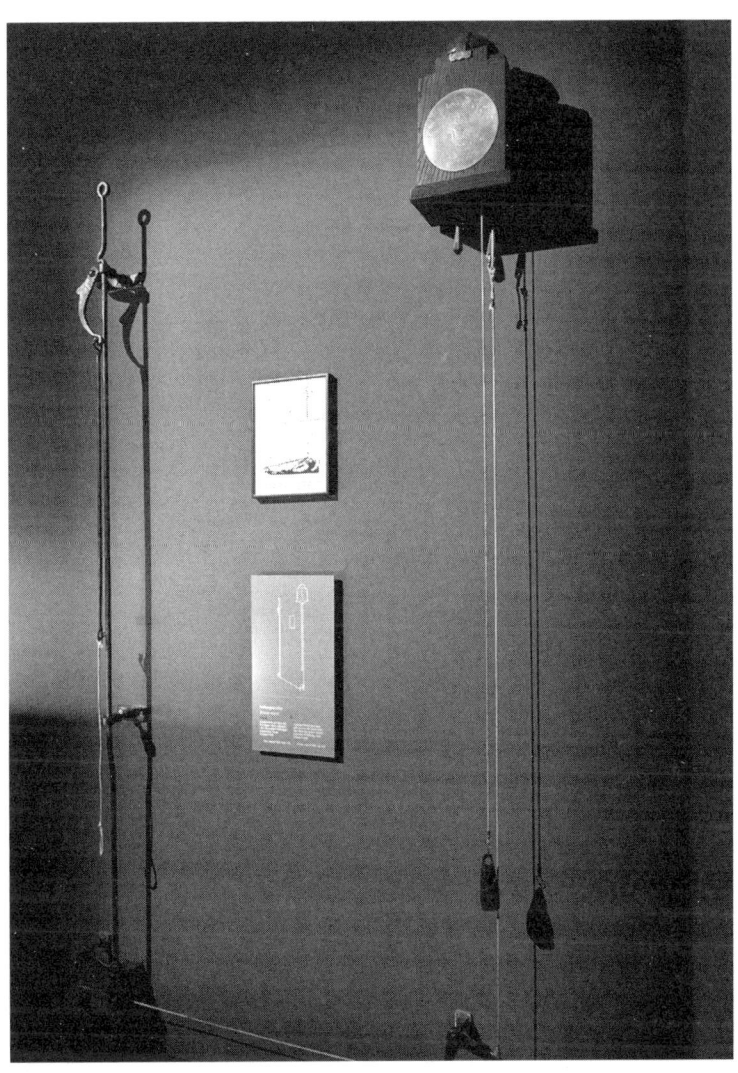

letzte Ruhestätte zu sichern. Auch der 1862 an einem Schlag-
anfall in Graz verstorbene Johann Nestroy ließ sich hier be-
erdigen.

Wo war Wiens Broadway?

Zunächst war sie eine der elegantesten Adressen Wiens: die Jägerzeile zwischen dem Donaukanal und dem Praterstern, als Verlängerung der von Kastanienbäumen umzäunten Prater Hauptallee. Prunkvolle Palais entstanden hier, die auch heute noch einen Eindruck von der einstigen Noblesse der Gegend geben. Name und Erscheinungsbild der Straße haben sich seither verändert. Seit 1862 wird sie Praterstraße genannt, und kaum jemand weiß noch, dass es hier einst von Theater- und Kabarettbühnen nur so wimmelte. Hier wurden der Schriftsteller Arthur Schnitzler und der Komponist Max Steiner geboren, hier wohnten die Schauspieler Josefine Gallmeyer, Therese Krones, Fritzi Massary und Richard Waldemar sowie die Theaterdirektoren und Universaltalente Gabor Steiner und Max Reinhardt. Musiker wie Josef Lanner und Johann Strauß Vater musizierten in den vielen Gast- und Kaffee-

häusern. Bei Stadtrundfahrten hört man allerdings meist nur von Johann Strauß Sohn. Sieben Jahre lang lebte er im ersten Stock des Hauses Nummer 54 und komponierte hier unter anderem Wiens inoffizielle Hymne, den Walzer „An der schönen, blauen Donau", der im nahen Dianabad am 15. Februar 1867 seine Uraufführung durch den Wiener Männergesangsverein erlebte.

Die eigentliche Geburtsstunde von Wiens Vergnügungsmeile fand im Jahr 1781 statt. Damals errichtete Karl Marinelli für das Vorstadtpublikum das Leopoldstädter Theater an der heutigen Adresse Praterstraße 31 (dort findet sich heute der Galaxy Tower). Hier brachten zunächst einmal der Kasperl und Staberl die erwachsenen Zuschauer zum Lachen, später übernahm Ferdinand Raimund mit seinen Zaubermärchen die Bühne. Nach einer kurzen Flaute kam der Impresario Carl Carl und feierte mit Uraufführungen von Johann-Nestroy-Volksstücken Triumphe. Das alte Theater wurde bald zu klein, sodass es 1847 einem Neubau weichen musste. Die Theaterspezialisten Eduard Van der Nüll und August Sicard von Sicardsburg errichteten das elegante Carl-Theater mit 1.121 Sitzplätzen. Bald entwickelte sich hier ein Zentrum der Operette – Werke von Franz von Suppé bis Jacques Offenbach erlebten umjubelte Aufführungen. Wirtschaftliche Probleme zwangen das Theater 1929 zur Schließung. Der Regisseur Willi Forst hauchte dem Haus nochmals Leben ein, indem er es im Jahr 1940 in seinem Film „Operette" als Kulisse verwendete und dessen Glanzzeit auf die Leinwand bannte. Im Laufe des Krieges wurde das Carl-Theater leider stark beschädigt und später abgerissen. In den Siebzigerjahren entstand schließlich das Bürohaus „Galaxy", das um die Jahrtausendwende von Martin Kohlbauer generalsaniert, modernisiert und aufgestockt wurde.

Direkt gegenüber auf Nummer 34 befindet sich der Nestroyhof, in dem heute immer noch beziehungsweise wieder Theater gespielt wird. Das nach Plänen des Architekten Oskar Marmorek 1898 erbaute Jugendstilgebäude war ein jüdisches Kulturzentrum, das unter anderem auch einen Theatersaal beherbergte. Unterschiedliche Ensembles bespielten das Etablissement, das über die Jahre ein sehr facettenreiches Programm bot – von Erstaufführungen von Stücken Gorkis und Strindbergs bis zu Varieté wurde alles gezeigt –, bis die Nationalsozialisten dem Vergnügungsbetrieb ein Ende setzten und die meisten Künstler vertrieben oder ermordeten. Zwischenzeitlich als Kino, Kaffeehaus und Supermarkt zweckentfremdet, wurde der alte Zuschauerraum mit seiner eindrucksvollen Glasdecke 2003 wiederentdeckt und revitalisiert. Seit 2008 zeigt das Theater Nestroyhof Hamakom vielbeachtete Aufführungen und Veranstaltungen.

Auch im Fürstenhof auf Nummer 25 gab es eine Kleinbühne, auf der von 1913 bis 1950 verschiedene Theaterkompanien auftraten. Am bekanntesten ist vielleicht die Roland-Bühne, die – ähnlich wie das Orpheum in der nahen Taborstraße – vor allem Kabarett bot. Einer der Autoren war der 1940 im KZ Buchenwald ermordete Fritz Grünbaum, nur ein Beispiel von Tausenden – wenn auch das eines Menschen, dessen Texte und Humor Wien nachhaltig geprägt haben. Doch schon nach dem Ersten Weltkrieg hatte die Straße viel von ihrem früheren Glanz verloren. 1919 schrieb der Schriftsteller und Feuilletonist Joseph Roth: „In der Praterstraße. Da sieht es aus wie bei einer ältlichen Chansonsängerin aus einem Varieté zweiter Güte. So ein bißchen puderbestaubte, billige Romantik. Überschminkte – Vorvergangenheit. Erlebnisse, die weit zurückreichen. Ein Alter, in dem man's ,billiger gibt'. Ein vor zehn Jahren lebendig gewesenes, seit zehn Jahren steril gewordenes Lächeln um den Mund, das im Begriff ist, aus einer Maske eine Fratze zu werden."

Die Nazi-Diktatur brachte dann den endgültigen, unwiederbringlichen Niedergang für das kulturelle Leben auf der Praterstraße, und darüber hinaus. Auch nach 1945 konnte mit den Versuchen der Wiederbelebung nicht mehr an die Blütezeit dieses Leopoldstädter Theaterzentrums angeknüpft werden, zu viele jüdische Künstler und Denker fehlten der Stadt. Und auch einige bauliche Lücken hatte der Krieg in die einstmals schillernde Prachtstraße gerissen. Gedenktafeln und „Steine der Erinnerung" bewahren jedoch zumindest zu einem kleinen Teil das Andenken an Wiens einstigen „Broadway". Den „Steinen der Erinnerung" widmen wir uns gleich in der nächsten Frage.

Was sind die „Steine der Erinnerung"?

„Wirklich tot sind nur jene, an die sich niemand mehr erinnert."
Diesem jüdischen Sprichwort folgend gründete die Soziologin Elisabeth Ben David-Hindler 2005 den privaten Verein „Steine der Erinnerung". Er setzt sich zum Ziel, Messingtafeln mit Namen und Lebensdaten jüdischer Holocaust-Opfer an Plätzen ihres Wirkens oder ihrer letzten Wohnstätte anzubringen. So bekommen die Ermordeten wieder einen Platz in ihrer alten Heimat – und Angehörige, die meist kein Grab ihrer Vorfahren besuchen können, einen Ort des Trauerns und Gedenkens. Gleichzeitig erzeugt dies auch ein Bewusstsein im öffentlichen Raum und leistet einen wichtigen Beitrag zur Vergangenheitsbewältigung. Schulen, Anrainer und Paten unterstützen das Projekt, in dem sie die Erinnerungstafeln regelmäßig säubern. Es gab aber auch einige kritische Stimmen und Widerstand, etwa von Bewohnern, die es ablehnten, dass die goldfarbenen, 10 x 10 Zentimeter großen Plaketten an ihrem

Haus angebracht werden. In diesem Fall wurden die Messingtafeln in den Gehsteig eingelassen.

Geführte Spaziergänge, Bücher und ein Multimedia-Guide
erzählen von den zahlreichen individuellen Schicksalen, die
sich hinter den einzelnen „Steinen der Erinnerung" verbergen
und holen so die Opfer aus der Anonymität. Der Schwerpunkt
liegt auf den Bezirken Leopoldstadt, Alsergrund und Brigitte-
nau. Dennoch findet man Erinnerungssteine vom ersten bis
zum 21. Bezirk. Und es haben sich auch andere Initiativen entwickelt, die sich auf bestimmte Gebiete konzentrieren wie
„Erinnerung für die Zukunft" (Mariahilf), „Steine der Erinnerung Josefstadt", „Steine der Erinnerung in Liesing" und
„Steine des Gedenkens" (Landstraße).

Vorreiter waren die „Stolpersteine" des Berliner Künstlers Gunter Demnig, der mit einer europaweiten Aktion als Erster in dieser Form an die Opfer des NS-Regimes erinnerte. Heute finden sich mehr als 55.000 Steine in 20 Ländern.

In Wien startete Elisabeth Ben David-Hindler ihre Initiative 2005 mit der „Straße der Erinnerung" am Volkertplatz im zweiten Wiener Gemeindebezirk. Mit insgesamt 84 Steinen, darunter einem für ihren 1941 deportierten Großvater Leo Hindler, gedenkt man hier der Vertriebenen. Die Initiatorin starb im Mai 2016, aber ihre Familie möchte ihr Herzensprojekt, das hauptsächlich von privaten Spenden finanziert wird, weiterführen. Es gibt allerdings noch viel zu tun, wenn man einen Blick auf die unfassbaren Zahlen des Naziterrors wirft: Insgesamt wurden über 100.000 Wiener Juden von den Nazis vertrieben und mehr als 65.000 umgebracht.

Warum bläst auch ein Wiener Lüfterl durch den Hollywood-Klassiker „Vom Winde verweht"?

Das Südstaaten-Epos „Vom Winde verweht" mag auf den ersten Blick eine reine Hollywood-Produktion sein, doch die unvergesslichen Melodien stammen aus der Feder eines Wieners: Max Steiner kam am 10. Mai 1888 im damaligen Hotel Nordbahn in der Praterstraße 72 zur Welt. Heute erinnert an dem Gebäude, in dem sich immer noch ein Hotel befindet, eine Gedenktafel an den großen Hollywood-Komponisten und „Vater der Filmmusik". Steiner stammt aus einer kreativen Theaterdynastie: Der gleichnamige Großvater leitete von 1869 bis 1880 das Theater an der Wien. Unter seiner Direktion führte Johann Strauß Sohn hier „Die Fledermaus" erstmals erfolgreich auf und brachte die Wiener Operette zu einem Höhepunkt. Max Steiners Sohn Gabor, der Vater von Maximilian,

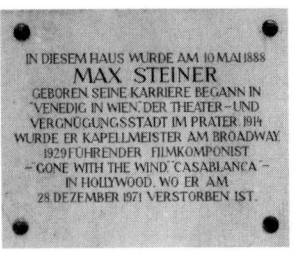

war ebenfalls Theaterdirektor. Mit der Errichtung des Riesenrades, das zum Wiener Wahrzeichen wurde, setzte er sich ein Denkmal für die Ewigkeit.

Aber zurück zu Max Steiner: Schon früh zeigte sich sein musikalisches Talent. Neben Klavier spielte er Orgel, Violine, Kontrabass und Trompete. Der hochbegabte Jugendliche absolvierte seine Ausbildung unter anderem bei Gustav Mahler und seinem Taufpaten Richard Strauss. Nach einigen Jahren in London emigrierte der junge Musiker 1914 in die USA, um als Arrangeur und Dirigent die Musik für verschiedene Broadway-Shows beizusteuern. In den Dreißigerjahren begann Steiner, für das Hollywoodstudio RKO Filmmusik zu schreiben – unter anderem zu Filmen wie „Little Women", „King Kong" (beide 1933) oder „The Informer" (1935), für dessen Partitur Steiner erstmals mit einem Oscar ausgezeichnet wurde. Danach wechselte er zu Warner Brothers. Höhepunkt war seine Mitarbeit bei dem Film „Gone With The Wind" (1939), dessen musikalische Themen unsterblich wurden. Mit „Casablanca" (1943) lieferte er die Musik zu einem weiteren Filmklassiker. Typisch für Steiners Stil war es, ein großes Orchester zu beschäftigen, Dialoge mit Musik zu unterlegen und Charakteren und Schauplätzen ihre ganz eigenen Melodien – ihr Filmthema – zu verleihen. Dafür wurde er insgesamt für 24 Oscars nominiert – dreimal gewann er die begehrte Trophäe. Er starb im Alter von 83 Jahren in Beverly Hills.

Seit einigen Jahren findet im Herbst im Konzerthaus eine Filmmusik-Gala unter dem Motto „Hollywood in Vienna" statt, die stets einem anderen Filmkomponisten gewidmet ist. Ein Fixpunkt ist allerdings die Verleihung des Max Steiner Film Music Achievement Award zur Erinnerung an den großen Filmkomponisten aus Wien.

Was tat Joseph Haydn
im Großen Michaelerhaus?

· · · · · · · · · · · · ·

Hauptsächlich frieren – zumindest in den kalten Monaten. Denn der junge Joseph Haydn (1732–1809) wohnte von 1750 bis 1756 im Großen Michaelerhaus am Kohlmarkt 11 in einer kleinen Dachbodenkammer ohne Ofen. Trotzdem war er glücklich: „Ich konnte auf meinem von Würmern zerfressenen Clavier arbeiten und beneidete keinen König um sein Glück". Haydn war froh, überhaupt eine Unterkunft gefunden zu haben – und sie sollte seinen Werdegang maßgeblich beeinflus-

sen. Nach seinem Stimmbruch war er aus dem Knabenchor von St. Stephan ausgeschlossen worden und musste nun selbst für seinen Lebensunterhalt sorgen. Im Michaelerhaus fand er eine Bleibe und auch bald einige Förderer. Im gleichen Gebäude lebte der große Hofdichter Pietro Metastasio. Der Verfasser zahlreicher Opernlibretti nahm sich des jungen Mannes an und vermittelte ihm so manchen Klavierschüler und interessante Kontakte. Auch der Komponist und Gesangslehrer Nicola Antonio Porpora wohnte unter dem gleichen Dach. Er unterrichtete und förderte Haydn, der ihm dafür als Kammerdiener beistand. Haydns Meinung von sich selbst als Musiker war eher bescheiden. „Ich war auf keinem Instrument ein Hexenmeister, aber ich kannte die Kraft und die Wirkung aller; ich war kein schlechter Klavierspieler und Sänger und konnte auch ein Konzert auf der Violine vortragen", konstatiert er über sein Können.

Im Großen Michaelerhaus verbrachte Haydn seine prägenden Lehrjahre, während derer er das theoretische und praktische Wissen für seine Kompositionstätigkeit festigen konnte. Außerdem spielte er jeden Sonn- und Feiertag bei den Barmherzigen Brüdern in der Leopoldstadt um acht Uhr morgens die Messe und erhielt dafür jährlich 60 Gulden. In dieser Zeit liegt der Ursprung für Haydns reiches Schaffen, das ihn in den folgenden Jahrzehnten zu einem der großen Wiener Klassiker machte.

Wo bekam ein musikalisches Genie
einen Tritt in den Hintern?

. . . .

„Nu – wenn man mich nicht haben will, es ist Ja mein Wunsch;
– anstatt daß graf Arco meine bittschrift angenommen, oder
mir audienz verschafet, oder gerathen hätte selbe nachzuschi-
cken, oder mir zugeredet hätte die sache noch so zu lassen, und
besser zu überlegen, afin, – was er gewollt hätte – Nein – da
schmeist er mich zur thüre hinaus, und giebt mir einen tritt im
hintern. – Nun, das heisst auf teutsch, daß Salzburg nicht
mehr für mich ist; ausgenommen mit guter gelegenheit dem
H. grafen wieder ingleichen einen tritt im arsch zu gcbcn, und
sollte es auf öfentlicher gasse geschehen. – ich begehre gar
keine satisfaction deswegen beym Erzbischof, denn er wäre
nicht im stande sie mir auf solche art zu verschaffen, wie ich sie
mir selbst nehmen muß; sondern ich werde nächster tägen dem
H. grafen schreiben, was er sich von mir zuverlässig zu gewar-
ten hat, sobald das glück will daß ich ihn treffe, es mag seyn
wo es will, nur an keinen ort wo ich respect haben muß; –.“

So schilderte Wolfgang Amadeus Mozart in einem Brief an
seinen Vater Leopold vom 13. Juni 1781 empört seinen Raus-
schmiss, der für die Musikgeschichte Wiens noch weitrei-
chende Folgen haben sollte.

Zu dem legendären Fußtritt kam es im Deutschordenshaus
in der Singerstraße. Diese um 1200 gegründete Niederlassung
des Deutschen Ordens besteht heute noch, außerdem befindet
sich hier seit 1809 auch der Sitz des Hochmeisters, des Ober-
hauptes dieser Gemeinschaft. Damit ist dies eine der wenigen
kirchlichen Institutionen, die ihre Zentrale nicht in Rom haben.

Gegründet wurde der Deutsche Orden, der sich eigentlich
„Brüder (und Schwestern) vom Deutschen Haus Sankt Mari-

ens in Jerusalem" nennt, im Jahr 1190 in Akkon. Zu den Aufgaben zählte ursprünglich nur die Pflege von Kranken und Verwundeten, später aber auch die Verteidigung des christlichen Glaubens und der Schutz von Pilgern im Heiligen Land. Neben den Templern und Johannitern war der Deutsche Orden der dritte große geistliche Ritterorden in der Zeit der Kreuzzüge und wirkt – wie auch der Johanniter- oder Malteserorden – auch heute noch als Ordensgemeinschaft von Brüdern, Schwestern und Familiaren (Laienmitgliedern).

In der geschichtsträchtigen Anlage in der Singerstraße mit seinen zwei romantischen Innenhöfen befindet sich die Deutschordenskirche, die sonntags von der ungarischen Gemeinde besucht wird, die Schatzkammer mit einigen prunkvollen Kunstobjekten, das Archiv – sowie ein Gästehaus. Der Herbergsbetrieb hat im Deutschen Orden eine lange Tradition, schon in früheren Jahren kamen einige prominente Gäste hier unter.

Fürsterzbischof Hieronymus Graf Colloredo, der geistliche und weltliche Landesherr von Salzburg, nutzte zum Beispiel mitsamt seiner Entourage die Gastlichkeit des Deutschen Ordens bei seinem Wien-Besuch von März bis Mai 1781. Mit dabei waren seine Musiker, allen voran der fünfundzwanzigjährige Wolfgang Amadeus Mozart. Das Verhältnis zwischen Colloredo und seinem Hofkonzertmeister war schon seit längerer Zeit mehr als gespannt. Mozart fühlte sich schlecht bezahlt, verspottet und als Genie verkannt. Für seinen Herrn war er ein durchschnittlicher Musikant – seiner Meinung nach hätte er Mozart mit jedem x-beliebigen Musiker ersetzen können, der ihn unter Umständen vielleicht besser bedient hätte. Es kam im Deutschordenshaus zum – wohl von Mozart provozierten – Streit mit dem eingangs beschriebenen Tritt in den Allerwertesten, ausgeführt durch den erzbischöflichen Obersthofmeister Karl Joseph Felix Graf von Arco, und infolgedessen zum endgültigen Bruch.

Was auf den ersten Blick existenzbedrohend klingt, stellte sich für Mozart und vor allem für Wien als Glücksfall heraus, denn Mozart beschloss, sich in der Kaiserstadt niederzulassen. Hier komponierte er in den verbleibenden zehn Jahren seines kurzen Lebens seine vielleicht wichtigsten Werke, darunter die Opern „Die Entführung aus dem Serail", „Le Nozze di Figaro" und „Die Zauberflöte".

Heute finden in der ehemaligen Sala Terrena des Deutschordenshauses Kammermusikkonzerte des Streichquartett-Ensemble Mozart statt. Es ist dies der älteste – und für manche einer der schönsten – Konzerträume Wiens. Auf jeden Fall ist er authentisch. Denn mit großer Wahrscheinlichkeit hat wohl auch Mozart selbst hier noch gespielt – bevor es zu dem folgenschweren Tritt in den Hintern kam.

Was ist das
Heiligenstädter Testament?

....

„O ihr Menschen die ihr mich für Feindseelig störisch oder Misantropisch haltet oder erkläret, wie unrecht thut ihr mir, ihr wißt nicht die geheime ursache von dem ...", so beginnt das „Heiligenstädter Testament", bei dem sich nicht um ein Testament im eigentlich Sinne handelt, sondern um einen Brief. Ludwig van Beethoven hat ihn am 6. Oktober 1802 im gleichnamigen Wiener Vorort an seine beiden Brüder Kaspar Anton Karl und Nikolaus Johann geschrieben, aber nie abgeschickt. Es ist zugleich Rechtfertigung und Vermächtnis, doch in erster Linie zeichnet es das erschütternde Psychogramm eines Verzweifelten. Sehr persönlich offenbarte der Komponist darin die Aussichtslosigkeit seiner Situation, seine Ängste, Todesahnungen und sogar Selbstmordgedanken – hervorgerufen durch die immer stärker voranschreitende Taubheit: „... aber welche Demüthigung wenn jemand neben mir stund und von weitem eine Flöte hörte und ich nichts hörte, oder jemand den Hirten Singen hörte, und ich auch nichts hörte, solche Ereignisse brachten mich nahe an Verzweiflung, es fehlte wenig, und ich endigte selbst mein Leben – nur sie die Kunst, sie hielt mich zurück ..."

Das Werk, das in dieser Zeit entstand und mit dem der Meister seine Sorgen wohl kompensierte, ist die 2. Symphonie (Opus 36). Eigentlich verbrachte Beethoven auf Anraten seines Arztes den Sommer in dem Kurort, um seine Unterleibsschmerzen zu heilen. Der Komponist fand nebenbei Inspiration und Ablenkung in der Natur – heute erinnert der nahe gelegene Beethovengang an einen seiner Lieblingsspazierwege – sowie natürlich beim Wein. Es gibt wohl kaum einen Heurigen in der Umgebung, den Beethoven nicht besucht hat.

Als Unterkunft wählte er ein kleines Bauernhaus in der

Herrengasse 6 (heute Probusgasse 6), hier findet sich heute
eine Beethoven-Gedenkstätte. Das Dokument, das als „Heiligenstädter Testament" in die (Musik-)Geschichte eingegangen
ist, ist hingegen Eigentum der Staats- und Universitätsbiblio-
thek Hamburg und ebendort zu finden.

Interessant ist, dass sich der fast 32-Jährige in dem Brief als
erst 28 Jahre alt gibt. Dies kommt daher, dass Beethoven als
kleiner Bub von seinem Vater immer jünger gemacht wurde,
damit dieser ihn besser als „Wunderkind" verkaufen konnte.
Beethoven behielt die Gepflogenheit, sich jünger zu machen,
ein Leben lang bei. Gestorben ist das bedauernswerte und von
vielen Krankheiten geplagte Genie im Alter von 56 Jahren im
März 1827 an einer Leberzirrhose.

Wo liegt Antonio Vivaldi begraben?

. . . .

Es ist kaum zu glauben: Vivaldi und sein umfangreiches Werk waren im 19. Jahrhundert vollkommen vergessen. Die Renaissance seiner barocken Musik erfolgte erst vor etwa hundert Jahren, und damit stieg auch das Interesse an seiner Person wieder. 1938 fand der italienische Wissenschaftler Rodolfo Gallo schließlich heraus, wo „il prete rosso" – so nannte man den ausgebildeten Pfarrer mit den roten Haaren in seiner Heimatstadt Venedig zu seinen Lebzeiten – eigentlich gestorben und begraben ist. Man würde wohl annehmen, irgendwo in Italien, aber die letzte Ruhestätte des gefeierten Komponisten und Geigenvirtuosen befindet sich tatsächlich in Wien. Sie liegt jedoch nicht im Ehrenhain der großen Musiker am Zentralfriedhof, wo sich auch Beethovens, Schuberts, Brahms' und Johann Strauß' Gebeine finden, sondern an einem auf-

gelassenen und fast vergessenen Platz, am ehemaligen „Armesündergottesacker" vor dem Kärntner Tor.

Wie aber kam es zu diesem tragischen Ende? Durch einen Wandel im Musikstil erhielt der Schöpfer der „Vier Jahreszeiten" plötzlich keine Aufträge mehr in seiner Heimat. Er beschloss daher 1740, in die Reichs- und Residenzstadt Wien zu ziehen – in der Hoffnung, eine Anstellung am Hofe der kunstsinnigen Habsburger zu erhalten. Kaiser Karl VI. starb jedoch überraschend im gleichen Jahr. Seine Tochter und Nachfolgerin Maria Theresia hatte alle Hände voll zu tun, ihr Erbe zu verteidigen, sodass ihr der Sinn nicht nach Kompositionen stand. Nur zehn Monate nach seiner Ankunft starb Antonio Vivaldi am 28. Juli 1741 im Alter von 63 Jahren völlig mittellos und wurde außerhalb der Stadtmauern auf dem Friedhof neben der vor kurzem vollendeten Karlskirche in einem Armengrab verscharrt. Heute befindet sich hier die Technische Universität, an deren Ecke eine Tafel an die letzte Ruhestätte des großen Barockkomponisten erinnert. Auch am Ort seiner letzten Adresse hängt eine Inschrift, damals ein Wohnhaus neben dem Kärntnertor – heute steht hier das noble Hotel Sacher. Darin hätte Vivaldi vermutlich lieber residiert …

Wie viele Eier werden täglich für die berühmte Original Sacher-Torte getrennt?

Zunächst einmal noch eine andere Frage: Was gab es zuerst – die Torte oder das Hotel? Meist antwortet die Mehrheit der Männer mit „Hotel". Frauen tippen eher auf die Torte, und sie haben recht. Bereits 1832 kreierte der Kochlehrling Franz Sacher das Rezept auf Wunsch des Fürsten Metternich, der ihm die mahnenden Worte „Dass er mir aber keine Schand' macht!" auf den Weg in die Küche mitgab. Die mit Marillenmarme-

lade und feiner Schokoladenkonfitüre überzogene Torte kam
wohl gut an, denn Franz machte Karriere. Und schon eine Generation später konnte sein Sohn Eduard das luxuriöse Hotel
hinter der neu erbauten Hofoper errichten lassen. Von hier aus
trat die Sachertorte ihren Siegeszug um die ganze Welt an.

Jährlich werden jetzt 360.000 Original Sacher-Torten gebacken, die Produktion ist längst nicht mehr im Herzen der Stadt angesiedelt, sondern an deren Peripherie. Nicht weit vom Zentralfriedhof wird die süße Versuchung hergestellt, zum Teil noch per Handarbeit. So gibt es im Betrieb eine Dame, die händisch das Eiklar vom Eigelb trennt. Man könnte dies jeweils separat kaufen oder auch die Trennung maschinell durchführen. Aber nichts kann die Qualität so gut prüfen wie das menschliche Auge und die zugehörige Nase. Und nun zu unserer eigentlichen Frage, wie viele Eier denn für die Original Sacher-Torte getrennt werden: Es sind je nach Saison zwischen 5.000 und 18.000 Stück täglich. Eine „Eiertrennerin" schafft davon maximal unglaubliche 7.500 Stück!

Was ist das Wiener Null?

Sind Ihnen schon einmal die kleinen Metallbolzen auf manchen Wiener Hauswänden aufgefallen? Es sind sogenannte Höhenfestpunkte, ein unverzichtbares Hilfsmittel zur Planung und Ausführung jeglicher Bauprojekte. Die Buchstabenkombination auf den daneben angebrachten Tafeln liefert dem Fachmann die gewünschte Information. Die über 4.000 Höhenfestpunkte bilden regelrecht ein Netz, das sich über ganz Wien zieht. Die gemessenen Höhen beziehen sich alle auf einen Punkt, und zwar das Wiener Null. Diese Konstante leitet sich vom Mittelwasser des Donaukanal-Pegels an der Schwedenbrücke ab, sie liegt vier Meter über dem Pegelnullpunkt von 152,68 Meter über Adria (m ü. A.). Das Wiener Null ist daher ein Bezugsniveau von 156,68 Metern über dem Meeresspiegel.

Dieses nur für die Bundeshauptstadt gültige System wurde Ende des 19. Jahrhunderts eingeführt, heute ist die MA 41 für die städtische Vermessung zuständig. Wer nun einen Höhen-

festpunkt auf seinem Haus entdeckt und wissen möchte, auf welcher Höhe er oder sie wohnt, kann die dazugehörigen Geodaten über das Open Government Portal der Stadt Wien gratis anfordern.

Wo kann man Wiens genaueste Zeit ablesen?

Heute schaut man einfach auf sein Handy, will man wissen, wie spät es ist. Früher war das gar nicht so einfach herauszufinden. Die Industrialisierung und vor allem der exakte Fahrplan der Eisenbahn machten in der zweiten Hälfte des 19. Jahrhunderts die Etablierung von gleichgeschalteten, exakten Zeitmessern nötig. Davor waren meist Kirchenuhren das Maß aller Dinge, dann kamen Uhren an öffentlichen Gebäuden hinzu, aber sie alle wichen meist stark voneinander ab. Auch moderne, frei stehende Zeitmesser wie die Würfeluhr, die noch heute an so mancher Wiener Straßenkreuzung zu finden ist und deren Ur-Modell bereits 1907 entworfen wurde, waren oft nicht exakt. Man sprach bereits von einer „Uhrenmisere", denn eine genaue Zeitangabe zu finden, nach der man seine Taschenuhr stellen konnte, war in Wien fast unmöglich. Die neu eröffnete Sternwarte der Urania, ein Erwachsenenbildungsinstitut am Wiener Donaukanal, machte es sich zur Aufgabe, Abhilfe zu schaffen. Im Jahr 1910 wurde an der Südseite des von Max Fabiani entworfenen Gebäudes eine Uhr angebracht, auf der die Bevölkerung wirklich die ganz genaue Zeit ablesen konnte. Bestimmt wurde sie von Präzisionsinstrumenten der Sternwarte. Zusätzlich zur Uhr an sich gab es auch ein akustisches Signal für die Wiener, den so genannten Mittagsschuss. Jeden Tag um 12 Uhr wurde mit einer kleinen Kanone von der Terrasse der Urania das Signal abgefeuert, quasi eine

weltliche Antwort auf die ungenauen Kirchenglocken. Aber auch hier kam es das eine oder andere Mal zu Pannen – so verzögerte sich der Schuss immer wieder einmal aufgrund technischer Probleme oder fiel auch ganz aus. Ende der Zwanziger Jahre wurde der donnernde Mittagsgruß deshalb ganz eingestellt.

Bereits ab 1913 konnte man die genaue Urania-Zeit auch telefonisch erfragen, zunächst nur als Zeit-Abonnent, später im lokalen Telefonnetz (bis 1952, dann wurde dieser Dienst vom Bundesamt für Eich- und Vermessungswesen übernommen). Obwohl es auch andere Orte mit exakten Zeitmessungen gab, blieb die Urania-Zeit legendär. Nachdem die Uhr im November 1944 zerstört wurde, baute die Firma Satori 1946 ein neues Exemplar, das auch heute noch zu sehen ist. Nach einer Restaurierung zum hundertjährigen Jubiläum im Jahr 2010 und der Umwandlung zur Funkuhr steht uns die Urania-Zeit auch heute noch zur Verfügung. Allerdings weiß das kaum jemand, wir schauen ja meist einfach auf das Handy.

Wo kann ich auch bei Tag sehen,
wie groß der Mond ist?

. . . .

Im Inneren Burghof der kaiserlichen Winterresidenz befindet sich, von vielen unbemerkt, eine ausgetüftelte Messstation, die technologisch gesehen einst auf der Höhe ihrer Zeit war. Auf dem kleinen, achteckigen Türmchen der Ende des 16. Jahrhunderts errichteten Amalienburg befindet sich eine Wetterfahne („Burgrössel"), eine Sonnenuhr, eine gewöhnliche Uhr sowie eine Mondphasenuhr. Von letzterer ist eine große Kugel zu sehen, die sich um die eigene Achse dreht und dabei die exakte Mondphase anzeigt: Der gelbe Bereich entspricht der Form des Monds, der blaue mit den Sternen symbolisiert den Nachthimmel. Die Monduhr geht auf das große Interesse von Kaiser Rudolf II. für die Himmelskunde zurück und wurde vermutlich von dessen dänischem Astronomen Tycho Brahe entworfen. Seit vierhundert Jahren zeigt sie nun fehlerlos die verschiedenen Phasen des Mondes – so verlässlich muss ein Smartphone erst einmal sein …

Warum stehen auf der Ringstraße Personenwaagen?

Es mag sie auch in anderen Städten geben, aber sicher nicht so viele: Entlang der Ringstraße, aber auch an vielen anderen Plätzen Wiens finden sich zahlreiche altmodische, gusseiserne Personenwaagen, die aus den Zeiten der Monarchie zu stammen scheinen.

Was hat es mit diesem kuriosen Stadtmöbel auf sich? Die ersten öffentlichen Personenwaagen fand man bereits Ende des 19. Jahrhunderts im Prater, quasi als eine Attraktion neben vielen anderen. Münzautomaten aller Art waren gerade en vogue und schossen wie Schwammerln aus dem Boden: für Schokolade, Postkarten, Rasierklingen und vieles mehr. Auch für die Bestimmung des Körpergewichts gab es eigene Automaten, die für ein paar Kreuzer das Gewicht anzeigten und Betroffene wie Zuschauer faszinierten. Man empfand das öffentliche Abwiegen – wohl anders als heute – keineswegs als peinlich und hatte daher keine Scheu davor. Das steigende Gesundheitsbewusstsein und der aufkommende Schlankheitswahn führten zu einem weiteren Boom der Personenwaagen in den Fünfzigerjahren. Zwanzig Jahre später ging die Nachfrage deutlich zurück, konnten sich doch die meisten Menschen nun in den eigenen vier Wänden Waagen leisten. Dennoch sind die öffentlichen Personenwaagen in Wien heute zum Glück nach wie vor zu finden. Die Burgenländer Andreas und Karin Popp kauften Ende der Achtziger Jahre alle in Wien verstreuten Geräte der Firma Berkel auf und stellten diese nach der Währungsumstellung auch auf Eurocent-Münzen um. Rund zweihundert dieser Relikte einer vergangenen Zeit haben heute noch einen Standort in der Stadt. Heute prüfen wohl die wenigsten Wiener ihr Körpergewicht. Dafür stellt so mancher Tourist seinen Koffer auf die Waage, um zu sehen, ob dieser

den strengen Vorgaben der Flugzeuggesellschaft entspricht. Oder er steigt selbst auf die Waage, um zu überprüfen, ob die vielen süßen Versuchungen der Wiener Konditoren ihre gewichtigen Spuren hinterlassen haben.

Was war an Kaiserin Elisabeths Taille noch besonders, außer dass sie extrem schmal war?

....

Kaiserin Elisabeth zählte, so heißt es, zu den schönsten Frauen ihrer Zeit, und sie tat viel, um diesen Ruf zu erhalten. Berühmt war Sisi außerdem für ihre zarte Figur, wobei sie wohl unter einem regelrechten Schlankheitswahn litt. Zu Lebzeiten Sisis schnürten sich die Damen der Gesellschaft noch in enge Korsetts, um eine möglichst schmale Silhouette präsentieren zu können. Sisi stach sie alle aus – ihr Taillenumfang betrug auch nach der Geburt ihrer insgesamt vier Kinder nur maximal 52 Zentimeter.

Um noch schmäler zu wirken, ließ sie sich um 90 Grad seitlich verdreht in das Mieder einschnüren. Damit lag die breite Seite zwischen ihren Armen und die schmale auf der Vor- und Rückseite. Somit bot die Kaiserin bei ihrem Erscheinen einen verblüffenden Anblick für ihr schaulustiges Publikum, den sie auch ganz gezielt zu nutzen wusste. Originalkleider im Sisi-Museum in der Hofburg und in der Wagenburg in Schönbrunn lassen diese spezielle Schnürung noch deutlich erkennen. Eine strenge Diät und ein exzessives Trainingsprogramm trugen dazu bei, dass die Kaiserin bis zu ihrem Lebensende ihre mädchenhafte Figur beibehielt. Eine wirkliche Essstörung ist durch Ärzte nicht belegt, andererseits starb Sisi, bevor Professor Freud als Seelenarzt berühmt wurde. Sie wäre wohl die ideale Patientin auf seiner berühmten roten Coach gewesen, und er hätte sich ihrer Psyche sicher sehr gerne angenommen.

Was hatte Kaiserin Elisabeth mit Häftlingen und Seeleuten gemeinsam?

Der Wunsch nach grenzenloser Freiheit könnte die Monarchin durchaus mit den beiden Berufsgruppen geeint haben. Kaiserin Elisabeth brachte diesen immer wieder in ihren Tagebüchern und Gedichten zum Ausdruck. In den Winterliedern im Jahr 1887 schrieb sie etwa:

Liberty
Ja, ein Schiff will ich mir bauen!
Schön'res sollt ihr nimmer schauen
Auf dem hohen weiten Meer;
„Freiheit" wird vom Maste wehen,
„Freiheit" wird am Buge stehen,
Freiheitstrunken fährt's einher.

„Freiheit"! Wort aus gold'nen Lettern,
Flattert stolz in allen Wettern
Von des Mastes schlankem Baum,
Freiheit atmen meine Nüstern,
Freiheit jauchzt der Wellen Flüstern,
Freiheit! Dann bist Du kein Traum.

Sucht es dann ihr Telegraphen,
Für ein Hoffest mich zu schaffen
In die Kerkerburg zurück;
Fischt im Klaren, fischt im Trüben,
Fangt die Möve nach Belieben;
Hurrah! wir sind frei und flügg'!

Von den Spitzen meiner Finger
Send' ich euch, ihr lieben Dinger,
Die mich einst gequält so sehr;
Einen Kuss und meinen Segen,
Schert euch nimmer meinetwegen;
Ich bin frei auf hohem Meer!

Kurz nachdem Elisabeth diese Zeilen niederschrieb, ließ sie sich ein maritimes Symbol als Zeichen der Hoffnung auf Freiheit auf ihrem Schulterblatt tätowieren, und zwar einen Anker. Ab nun trug Sisi keine schulterfreien Abendkleider mehr, sodass der Körperschmuck nicht öffentlich sichtbar und daher nur den wenigsten bekannt war. Zweifelsohne hätte dies einen Skandal ausgelöst, denn zu Kaiserin Elisabeths Lebzeiten hatten meist nur Seeleute, Häftlinge und zwielichtige Gestalten aus der Unterwelt ein Peckerl, wie der Wiener sagt. Für Sisi hingegen war dies einer ihrer vielen Wege, gegen das strenge, ihr verhasste Hofzeremoniell zu protestieren und ihre Sehnsucht nach dem Meer und der Ferne kundzutun.

Worum beneidete Sigmund Freud den Schriftsteller Arthur Schnitzler?

· · · · · · · · · · · · ·

Sie müssen im Wien der Jahrhundertwende wohl zu den faszinierendsten Persönlichkeiten gehört haben: Sigmund Freud (1856–1939), „Erfinder" der Psychoanalyse, und Arthur Schnitzler (1862–1931), Arzt und Schriftsteller, der wie kein anderer das Seelenleben seiner Charaktere, ihre erotische Begierden, Nöte und Ängste in Worte kleiden konnte. Wem die inneren Monologe von „Leutnant Gustl" oder „Fräulein Else" vertraut sind, weiß, welche Rolle die Psyche in Schnitzlers Werk spielt. Auch die „Traumnovelle" (1926) liest sich fast wie ein Praxisbeispiel einer psychologischen Abhandlung. Es ist wohl kein Zufall,

dass sich Schnitzler mit dem Titel auf die „Traumdeutung" bezieht – das Werk, mit dem Freud 1899 seinen Durchbruch feierte. Trotz der ähnlich gelagerten Interessen sind sich die beiden Zeitgenossen niemals persönlich begegnet, ja, sogar aus dem Weg gegangen. Einen Grund dafür gesteht Freud in einem Brief an den „verehrten Herrn Doktor" anlässlich seines 60. Geburtstages:

„Ich meine, ich habe Sie gemieden aus einer Art von Doppelgängerscheu. Nicht etwa, daß ich sonst leicht geneigt wäre, mich mit einem anderen zu identifizieren oder daß ich mich über die Differenz der Begabung hinwegsetzen wollte, die mich von Ihnen trennt, sondern ich habe immer wieder, wenn ich mich in Ihre schönen Schöpfungen vertiefe, hinter deren poetischem Schein die nämlichen Voraussetzungen, Interessen und Ergebnisse zu finden geglaubt, die mir als die eigenen bekannt waren. So habe ich den Eindruck gewonnen, daß Sie durch Intuition – eigentlich aber in Folge feiner Selbstwahrnehmung – alles das wissen, was ich in mühseliger Arbeit an anderen Menschen aufgedeckt habe. Ja ich glaube, im Grunde Ihres Wesens sind sie ein psychologischer Tiefenforscher, so ehrlich unparteiisch und unerschrocken wie nur je einer war, und wenn Sie das nicht wären, hätten Ihre künstlerischen Fähigkeiten, Ihre Sprachkunst und Gestaltungskraft, freies Spiel gehabt und Sie zu einem Dichter weit mehr nach dem Wunsch der Menge gemacht ..."

Diese Seelenverwandtschaft kommt auch in einer humorvollen Anekdote zum Ausdruck, die in Wien ihre Runde machte: Ein Junge aus reichem Haus wurde von seinem Pony gebissen – und zwar an seinem besten Stück. Schnitzler, zu dem der Patient gebracht wurde, veranlasste nach sorgfältiger Untersuchung und genauer Schilderung des Vorfalls folgendes: „Den jungen Mann bringen Sie sofort auf die Unfallstation – und das Pony zum Professor Freud!"

Was ist das Wiener Pferdepflaster?

Damit sind weder Verbandmittel für Lipizzaner gegen ihre eventuellen rheumatischen Beschwerden gemeint noch mit Pferdemotiven versehene Band Aids, die Kinder von ihren Wundschmerzen ablenken sollen, sondern ein spezieller Bodenbelag für Straßen, deren Verlauf auf- oder abwärts führt.

Diese speziellen, im Boden verlegten Granitsteine haben auf der Längsseite einen Spalt. Er soll verhindern, dass Pferde – besonders auf vom Regen nasser oder leicht gefrorener Fahrbahn – ins Rutschen geraten und so Fuhrwerk, Passagiere und sich selbst in Gefahr bringen könnten. Der Fachausdruck für die 13,2 Zentimeter breiten, 18,4 bzw. 23,7 Zentimeter langen und 18,4 Zentimeter hohen Prismen lautet „parallelopipedischer Stein". Da klingt doch „Pferdepflaster" viel schöner. Diese finden sich, über die ganze Stadt verteilt, an abschüssigen Straßen mit alter Pflasterung, so zum Beispiel am Franziskanerplatz, in der Postgasse oder am Weg zum Heiligenkreuzerhof. Seit jeher erfüllen sie verlässlich ihre Funktion, obwohl es in unseren Tagen eher Fußgänger sind, denen sie den nötigen Halt geben.

Wo hat man einst in Wien
die Kurve gekratzt?

. . . .

„Ui, der hat gerade noch die Kurve gekratzt" – diese Redewendung wird heute nach wie vor oftmals verwendet um auszudrücken, dass sich etwas gerade noch ausgegangen ist. Aber was ist ihr Ursprung?

Immer wieder sieht man in den alten Gassen Wiens große, kegelförmige Prellsteine, die Hauswände vor den Fuhrwerken schützen sollten. Radabweiser waren bereits bei den alten Römern bekannt. Gehsteige, wie wir sie heute kennen, sind eine relativ junge Entwicklung. Durch das Erstarken des Bürgertums im Zuge der Französischen Revolution wurde es modern, zu Fuß durch die Stadt zu flanieren. Von nun an säumten Bürgersteige die Straßen.

Davor war es gang und gäbe, dass die Kutschen mit ihren großen Rädern, wenn sie eng um die Ecken fuhren, Schäden am Verputz anrichteten. Die Prellsteine waren meist aus einem

härteren Stein wie etwa Granit, um die Hauswände, -ecken und -einfahrten zu schützen. Wenn man genau hinsieht, bemerkt man, dass sich so manche Kratzspur in den Radabweisern bis heute erhalten hat. Gute Beispiele dafür, dass jemand gerade noch die Kurve gekratzt hat, gibt es an mehreren Stellen in der Griechengasse im ersten Wiener Gemeindebezirk.

Dieses romantische Gässchen aus dem Mittelalter kann noch mit einer anderen verkehrstechnischen Besonderheit aufwarten. An beiden Enden der Gasse befindet sich eine Hinweistafel mit folgendem Inhalt:

„Fussgeher Achtung auf das Fuhrwerk!
Schrittfahren!
Schwerfuhrwerkskutscher haben die Pferde
am Zügel zu nehmen
oder eine erwachsene Begleitperson zur
Warnung der Fussgänger voranzuschicken.“

Das Schild stammt allerdings nicht aus dem Mittelalter, sondern aus dem Jahre 1912!

Warum nennt man in Wien eine Kutsche Fiaker?

. . . .

Das Wort stammt aus Paris, wo in der Rue de Saint Fiacre der erste Standplatz für zweispännige Lohnkutschen war. Die Wiener übernahmen sehr gerne französische Vokabeln in ihren Wortschatz, um eleganter zu wirken – man denke nur an Begriffe wie Trottoir (Gehsteig), Portemonnaie (Geldbörsel) oder Plafond (Zimmerdecke). Und so fand auch ab Anfang des 18. Jahrhunderts der Fiaker Eingang ins Wienerische. Der Heilige Fiacrius hatte übrigens nichts mit Pferden zu tun. Er war ein

Einsiedler aus Irland, der sich im 7. Jahrhundert zwischen den Flüssen Marne und Seine in der französischen Provinz Brie niedergelassen hatte. Trotzdem wurde er später zum Patron der Gärtner, Kutscher und deren Nachfolger – der Taxifahrer. Die Wiener Taxi-Innung besitzt übrigens einen ganz besonderen Schatz, das Originalmanuskript des berühmten „Fiakerlieds" von Gustav Pick (1832–1921). Hier heißt es im Refrain:

„Mei' Stolz is, i' bin halt an echt's Weanakind,
A Fiaker, wie man net alle Tag' find't,
Mein Bluat ist so lüftig und leicht wie der Wind,
I' bin halt an echt's Weanerkind."

Mit dem Begriff ist also nicht nur die Kutsche, sondern auch der Kutscher gemeint, der zu einem Synonym für den Ur-Wiener geworden ist. Eine Fiakerstraße gibt es in der Bundeshauptstadt allerdings nicht, dafür aber einen Fiakerplatz im dritten Bezirk. Hier war einst das Fiakerdörfl, woran eine von Josef Anton Engelhart 1938 geschaffene Skulptur erinnert. Denkwürdige Persönlichkeiten aus der Branche gab es einige: „Die drei singenden Fiaker" zum Beispiel waren Karl Mayrhofer, Franz Reil vulgo Schuster-Franz und Josef Bratfisch, der Leibkutscher des Kronprinzen Rudolf. Auch eine Frau erlangte Berühmtheit: Die Volkssängerin Emilie Turecek vulgo Fiakermilli fuhr zwar selbst keine Kutsche, war jedoch mit dem Fiaker Ludwig Demel verheiratet. Mit ihren Auftritten in enger kurzer Reithose, Stiefeln und Gerte erregte sie großes Aufsehen in Wien. Für das ungewöhnliche Outfit benötigte sie sogar eine polizeiliche Genehmigung. Hugo von Hofmannsthal verewigte sie in seinem Libretto für die von Richard Strauss vertonte Oper „Arabella".

Die Fiaker gehören heute noch zum Stadtbild Wiens, in erster Linie werden sie von Touristen für kurze Sightseeing-

Rundfahrten genutzt. Doch auch die Einheimischen sollten sich ab und zu das Vergnügen einer Fahrt mit diesem Wiener Original gönnen und dabei in eine andere Welt eintauchen. Es muss ja nicht gleich eine Porzellanfuhre sein. Das war einst das Codewort für eine Fahrt, bei der der Kutscher eine sehr „zerbrechliche" Fracht befördern und dementsprechend vorsichtig fahren musste. Es handelte sich jedoch nicht um wertvolles Geschirr. Tatsächlich vergnügte sich im verdeckten Fiaker bei zugezogenen Vorhängen ein Liebespaar. Da durften Schlaglöcher und abrupte Bremsungen nicht stören.

Übrigens: Der originelle Begriff ist noch nicht ausgestorben und funktioniert noch immer als Codewort, um bei Fiakern einen Transfer der besonderen Art zu bestellen.

Was ist der Hüstelstrich?

. . . .

Mitte des 18. Jahrhunderts wurde das Land von Maria Theresia regiert, die mit ihrem Mann Franz Stephan von Lothringen bekanntlich 16 Kinder zeugte. Das zügellose Liebesleben
der Wiener Bevölkerung war ihr hingegen ein Dorn im Auge.
Insbesondere die Arbeit der unzähligen Dirnen, Hübschlerin-
nen und Grabennymphen – oder wie man die Damen des ho-
rizontalen Gewerbes sonst noch nannte – erregte ihr Gemüt.
Um diesen unmoralischen Zuständen einen Riegel vorzuschie-
ben, rief Maria Theresia die bereits zweihundert Jahre früher
einmal waltende Keuschheitskommission 1752 wieder ins Leben. Die Sittenpolizei, die für diese Kommission arbeitete,
machte von nun an ledigen Mädchen, aber auch Männern auf
der Suche nach einem kurzen Liebesspiel das Leben schwer.
Dieses strenge Vorgehen kritisierte einer, der davon eine
Menge verstand: Der legendäre Frauenheld Giacomo Casanova verbrachte in jenen Jahren mehrmals längere Zeit in

Wien und machte seinem Ärger über die für ihn erschwerten Verhältnisse in seinen berühmten Memoiren freien Lauf: „Eine Legion erbärmlicher Spitzel, die man mit dem schönen Namen Keuschheitskommissäre schmückte, waren die unerbittlichen Verfolger aller Mädchen. Die Herrscherin besaß in Bezug auf die sogenannte illegitime Liebe nicht die erhabene Tugend der Duldsamkeit; fromm bis zur Bigotterie glaubte sie sich ein großes Verdienst vor Gott zu erwerben, indem sie den natürlichsten Trieb beider Geschlechter auf das kleinlichste verfolgte. Indem sie das Verzeichnis der Todsünden in ihre kaiserliche Hand nahm, glaubte sie über sechs von ihnen hinwegsehen zu dürfen, um nur die Wollust zu treffen, die ihr unverzeihlich schien."

Eigentlich konnten ledige Frauen nur in die Kirche von Spitzeln ungehindert gehen. So fanden Freier und Prostituierte einen frommen Ort, wo sie sich ungestört in der Öffentlichkeit verabreden konnten. In der Passage beim Ölberg-Relief nächst der Kirche St. Michael trafen sie sich in vermeintlich stiller Andacht versunken – und mittels Hustzeichen verabredeten sie sich zu einem Stelldichein. So funktionierte also der Hüstel- oder Räusperstrich Wiens. Die genauen Codes dafür weiß man leider nicht, aber es gibt ja auch keine Keuschheitskommission mehr …

Woher kommt das Wort „Puff"?

Zu den schönsten Stücken in der Kunstkammer des Kunsthistorischen Museums zählt ein kostbares Spielbrett: Die beiden aus mindestens fünf Holzarten (Eiche, Nuss, Palisander, Rose, Mahagoni) zusammengesetzten Tafeln fertigte der aus Kaufbeuren stammende Hans Kels, der Ältere, im Jahr 1537 an. Das äußerst feine und mit unzähligen Details gearbeitete Spiel ist ein Exempel für die Propagandafreude der Habsburger, in deren Besitz sich das Brett auch befunden hatte. Auf der Außenseite werden Kaiser Karl V. und sein Bruder König Ferdinand I. verherrlicht, gemeinsam mit Vorfahren aus dem Familienstammbaum. Daneben finden sich auch Porträts von bewunderten Herrschern großer Reiche wie Cäsar oder dem Perserkönig Kyros, als deren Nachfolger sich die Habsburger sahen. Auf der Innenseite ist der eigentliche Plan des Spiels abgebildet, das Tric-Trac oder Langer Puff genannt wird. Die Regeln sind dem heutigen Backgammon sehr ähnlich. Bei den 32 Spielsteinen wird es ein wenig unanständig, sie zeigen viel nackte Haut. Auf den kostbaren Schnitzarbeiten mit Motiven aus der griechischen Mythologie findet sich etwa Phädra, die erfolglos versucht, ihren Stiefsohn Hippolit zu verführen, oder das Liebespaar Orpheus und Eurydike auf ihrem Weg aus der Totenwelt.

All das hat natürlich nichts mit einem Puff im Sinne des Bordells zu tun. Der Name des Spiels leitet sich aus dem Italienischen ab – *buffo* bedeutet so viel wie Windstoß – und bezieht sich auf den Laut des Würfels beim Fallen auf das Spielbrett. Das weit verbreitete Spiel wurde nicht nur vom Adel geschätzt, sondern auch gerne von Männern und Frauen gemeinsam in Badehäusern oder Hinterzimmern von Gastwirtschaften gespielt. Dort ist es dann wohl auch zu anderem gekommen …

Was ist eine Wiener Auster?

In jüngster Zeit findet sich die Wiener Auster wieder häufiger auf lokalen Speisekarten. Damit sind Weinbergschnecken gemeint, die als Delikatesse schon bei den alten Römern bekannt waren. Auch im Mittelalter kamen Schnecken regelmäßig auf den Tisch, besonders in der Fastenzeit, denn sie waren weder Fisch noch Fleisch. Viele Klöster hatten daher auch eigene Zuchtstätten. Ab dem 18. Jahrhundert wandelte sich die Schnecke vom Arme-Leute-Essen und einer Fastenspeise zu einer echten Spezialität. In Wien gab es sogar einen eigenen Schneckenmarkt bei der Peterskirche.

Die Wiener Schneckenmanufaktur Gugumuck hat es sich zur Aufgabe gemacht, diese in Vergessenheit geratene Delikatesse wieder populär zu machen. Einmal im Jahr findet ein Schneckenfestival statt, bei dem ausgewählte Restaurants ihre Gäste mit feinen Schneckengerichten überraschen. Gezüchtet werden die Weinbergschnecken – jährlich immerhin rund 200.000 Stück – auf einem Gemüseacker des Gugumuck-Hofes in Rothneusiedl im Süden von Wien, natürlich in Freilandhaltung. Es ist vermutlich das einzige Feld in der Umgebung, auf dem man sie nicht als lästiges Ungeziefer vertilgt. Paarungswillige Schnecken kommen in eine eigene Liebeskammer, und das bringt uns auch schon zur zweiten Bedeutung des Begriffs, die so gar nichts mit den schmackhaften Weichtieren zu tun hat.

Unter einer Wiener Auster versteht man auch eine bestimmte Position beim Geschlechtsverkehr, ähnlich der berühmten Missionarsstellung. Allerdings setzt sie bei der Frau eine gewisse Gelenkigkeit voraus. Sie liegt auf dem Rücken und verschränkt die Beine hinter dem Kopf des auf ihr liegenden Mannes. So kann er möglichst tief in seine Partnerin eindringen und beiden ein Lustgefühl verschaffen, das im Ideal-

fall zum gleichzeitigen Höhepunkt führt. Die Stellung wurde 1840 von dem gar nicht so biederen Biedermeiermaler und Zeichner Peter Johann Nepomuk Geiger (1805–1880) auf einem Aquarell verewigt. Der Professor der Kunstakademie hinterließ auch andere erotische Motive sowie eine Reihe von Historienbildern, von denen sich einige im Heeresgeschichtlichen Museum befinden. Außerdem unterrichtete er am Hof die jungen, im Zeichnen durchaus begabten Erzherzöge Franz Joseph und Ferdinand Max – fragt sich nur, worin.

Warum wirken die Adler an den Seiteneingängen zum Heldenplatz so bedrohlich?

. . . .

Links und rechts vom Burgtor auf dem Heldenplatz befinden sich zwei weniger beachtete Seiteneingänge. Auf den Eckpfeilern thronen finster blickende Adler, die so gar nicht zu den sonst die Hofburg beherrschenden k. u. k. Doppeladlern passen. Diese fast bedrohlich wirkenden Machtzeichen sind ein Relikt aus der Zeit des Austrofaschismus und nehmen in ihrer Ausführung bereits die Symbolik des Nationalsozialismus vorweg. Entstanden sind die Eingänge zeitgleich mit dem 1933/34 erfolgten Ausbau des Burgtores durch Rudolf Wondracek. Der Schüler Otto Wagners richtete in einem Seitenflügel des ehemaligen Stadttors eine Krypta für die Gefallenen des Ersten Weltkriegs ein. Darüber entstand eine nach oben offene Ehrenhalle, die seitlich mittels breiter Treppen zu erreichen

ist. Die Erklärung des Architekten dafür: „Die Helden des Weltkrieges sind unter freiem Himmel gefallen, sie sollen unter freiem Himmel geehrt werden." Auch den Soldaten des Zweiten Weltkrieges sowie den österreichischen Freiheitskämpfern wird seit 1945 hier gedacht.

Schlagzeilen machte die Heldengedenkstätte 2012, als in der Krypta unter der tonnenschweren Figur des „Toten Soldaten" eine Kapsel mit einer Nachricht gefunden wurde. Der Bildhauer Wilhelm Frass (1886–1968) hatte sie hier versteckt. Er war bereits seit 1933 illegales Parteimitglied der NSDAP und huldigte in dem handgeschriebenen Brief der während des Ständestaats verbotenen Partei. Die Existenz von Frass' Nachricht hatte man ohnehin vermutet, doch zur allgemeinen Überraschung entdeckte man eine weitere Kapsel mit ganz konträrem Inhalt – und zwar von dessen Mitarbeiter Alfons Riedel (1901–1969). Er bringt in einem pazifistischen Schreiben seine Hoffnung zum Ausdruck, „dass künftige Generationen unseres unsterblichen Volkes nicht mehr in die Notwendigkeit versetzt werden, Denkmäler für Gefallene aus gewaltsamen Auseinandersetzungen von Nation zu Nation errichten zu müssen". Ein Wunsch, der leider nicht in Erfüllung gegangen ist.

Riedel, der auch einige Zeit als Präsident des Künstlerhauses fungierte, hinterließ zahlreiche „Kunst am Bau"-Werke wie die Skulptur „Liegende Frau" im Kopenhagenhof im 19. Bezirk. Frass, der seine Karriere nach dem Zweiten Weltkrieg ungehindert fortsetzen konnte, schuf ebenfalls einige Arbeiten für Gemeindebauten, so die „Säule des Frohsinns" für den Kindergarten Sandleitenhof in Ottakring. Von ihm stammen aber auch die eingangs erwähnten bedrohlichen Adlerfiguren oberhalb der Seiteneingänge zum Heldenplatz. Die an die nationalsozialistische Kunstauffassung angelehnte Symbolik war also alles andere als ein Zufall.

Was ist die Bellaria?

Der Name ist den Wienern immer noch vertraut: Bellaria-Kino (hinter dem Volkstheater), Bellariastraße (hinter dem Naturhistorischen Museum, mit gleichnamigem Kaffeehaus), die Bellaria-Haltestelle sowie die Bellaria-Passage unterhalb des Rings bei der U-Bahn-Station Volksgarten. Aber was bedeutet „Bellaria" eigentlich?

Eigentlich war die Bellaria ein unter Maria Theresia errichtet Vorbau des Leopoldinischen Trakts der Hofburg, heute befindet sich dort die österreichische Präsidentschaftskanzlei. Das Gebäude war über einen luftigen Balkon mit einer Rampe verbunden, die vom Vorplatz der Burg und dem Paradeisgartl (heute Heldenplatz) direkt in den zweiten Stock führte. So konnte Maria Theresia, die im Laufe der Jahre viel an Gewicht zugelegt hatte und das Stiegen Steigen nicht sehr schätzte, mit der Kutsche hinauf zu ihren Prunkräumen in der Beletage gebracht werden. Die heute nicht mehr existierende Rampe war auch mit Teilen der alten Stadtbefestigung verbunden und bot Spaziergängern eine schöne, also frische Luft, eine *bella aria*. Der heutige ebenerdige Eingang in das Büro des Bundespräsidenten heißt Bellariator, aber wegen der guten Luft zieht es dort niemanden mehr hin.

Woran erkennt man,
dass in Wien früher Linksverkehr galt?
. . . .

Es ist ein kleines schmückendes Detail in der Hofburg, das leicht zu übersehen ist: Wenn man durch das Michaelertor spaziert, sieht man bei den Seiteneingängen zwei Hochreliefs, die jeweils einen hoch zu Ross sitzenden römischen Kaiser zeigen. Die Abbildung mit der Inschrift „Adventus Augusti" (Ankunft des Kaisers) weist in Richtung Innerer Burghof und befindet sich direkt neben der Hofreitschule. Dieses zeigt den Kaiser auf der linken Straßenseite reitend, während gegenüber, bei der Darstellung mit dem Titel „Profectio Augusti" (Ab-

reise des Kaisers) das Pferd in Richtung Michaelerplatz zu traben scheint – genau gegengleich also zur heutigen Fahrtrichtung der Fiaker und Taxis, die diesen Weg noch nehmen dürfen.

Nicht nur unter den Habsburgern, sondern schon bei den alten Römern fuhr man auf der linken Seite der Fahrbahn. Das hatte angeblich den Vorteil, dass man mit der rechten Hand die Waffe ziehen konnte, falls der entgegenkommende Streitwagen einem feindlich gesinnt war.

Bis 1938 herrschte in Wien Linksverkehr. Mit der Machtübernahme durch die Nationalsozialisten wurde die gesamte Ostmark auf Rechtsverkehr umgestellt. Zuvor hatte es in Österreich keine einheitliche Fahrordnung gegeben: Anfang der Dreißigerjahre war das Land kurz in zwei Fahrzonen unterteilt gewesen, im Westen fuhr man auf der rechten, im Osten auf der linken Straßenseite.

Bis vor kurzem konnte man den Linksverkehr in Ostösterreich noch an der (Schnell-) Bahn erkennen, aber seit 2012 ist auch diese auf Rechtsverkehr umgestellt.

Wo findet sich das „Haus ohne Augenbrauen"?

. . . .

„Mein erstes Haus! Ein Haus überhaupt! Denn das hätte ich mir wohl nicht träumen lassen, daß ich auf meine alten Tage noch ein Haus bauen werde. Nach all meinen Erlebnissen war ich mir bewußt, daß wohl niemand so verrückt sein wird, sich ein Haus bei mir zu bestellen."

Die freudigen Worte stammen von dem immer gegen den Strom schwimmenden Architekten und Theoretiker Adolf Loos (1870–1933), der 1909 von den Inhabern der renommierten Herrenschneiderei Goldman & Salatsch den Auftrag bekam, ein repräsentatives Geschäftshaus zu errichten – und das, obwohl er zuvor nur Inneneinrichtungen entworfen hatte. Das Grundstück auf dem Michaelerplatz befand sich in bester Lage – direkt gegenüber der kaiserlichen Hofburg. Loos hatte in seiner Jugend einige Jahre in Chicago verbracht und war tief beeindruckt von dem modernen amerikanischen Baustil nach Wien zurückgekehrt. So schwebte ihm für sein erstes Haus ein gänzlich neuer Bautyp vor – frei von jeglichen Dekorelementen, weder im historistischen noch im sezessionistischen Sinne. Er plante es ganz nach dem Motto seiner wohl berühmtesten Schrift „Ornament und Verbrechen" (1908), in der er das Fehlen von gestalterischem Schmuck als Zeichen hoher Kunstentwicklung wertete. Diese Theorie setzte er beim Bau in die Tat um. Die Wirkung war gewaltig und löste einen Skandal aus, der weit über die Grenzen der Monarchie reichte! Die schlichte Fassade ohne jeglichen Fensterschmuck erregte die Gemüter, führte zu Protesten im Gemeinderat und Bezeichnungen wie „Ein Scheusal von einem Haus". Selbst der Kaiser zeigte sich *not amused* und soll angeblich nie wieder einen Blick auf den Michaelerplatz geworfen haben. Ein anderer Spitzname, den die Wiener dem Gebäude verpassten, war „das Haus ohne Au-

genbrauen". Loos lenkte ein wenig ein und fügte bei manchen Fenstern im Obergeschoß Blumenkästen an, mehr aber nicht. Um die Aufregung heute zu verstehen, vergleicht man das Loos-Haus am besten mit dem Gebäude nebenan links, in dem sich heute das Café Griensteidl befindet. Das etwa ein Jahrzehnt früher erbaute Haus entsprach voll und ganz dem damaligen Zeitgeschmack und macht gleichzeitig klar, wie ungeheuerlich modern Loos war. Dabei ging es dem Architekten niemals darum zu sparen – im Gegenteil: Er verwendete nur edelste Materialien, wie auch Goldman & Salatsch für ihre Produkte. Die prächtige Fassade im Erdgeschoss besteht aus in verschiedenen grün-grauen Schattierungen gemasertem Cipollino-Marmor aus Euböa in Griechenland. Die Säulen beim Haupteingang zitieren den Portikus der schräg gegen-über liegenden Michaelerkirche und sind Monolithe. Allein der Transport kostete ein Vermögen. Auch auf Funktionalität legte Loos großen Wert. Im ersten Stock befinden sich relativ niedrige Nischen mit Bay-Windows, die nach außen ragen und so mehr Sonne in das Innere bringen. Hier saßen die

Schneider des Herrenausstatters, die für ihr Handwerk wenig Platz benötigten, dafür aber viel Licht.

Heute wird das Gebäude von einer Bank genutzt, die sich bemüht hat, die Originaleinrichtung wiederherzustellen. Im eleganten holzgetäfelten Foyer geben Tafeln einige Informationen zur Baugeschichte des außergewöhnlichen Bauwerkes, das zurecht als Wegbereiter der Wiener Moderne gilt. In der von Paolo Piva neu gestalteten Designzone Looshaus im Souterrain finden regelmäßig Veranstaltungen statt. Hier werden auch jährlich die Modelle der Gewinner des Adolf Loos Staatspreises ausgestellt.

Wer wohnte und arbeitete in der Casa Piccola?

. . . .

Der Name klingt ein bisschen nach einer italienischen Pizzeria, und tatsächlich gibt es am Hernalser Gürtel ein Lokal mit demselben. Hier soll es aber um den Prachtbau an der Adresse Mariahilfer Strasse 1b gehen. Unter dem von weitem sichtbaren Türmchen prangen auch heute noch die Lettern „Casa Piccola" in Versalien. Der für dieses große Haus ungewöhnliche Name leitet sich vom Vorgängerbau ab, der hier einst am Rande des Glacis stand. Im „kleinen Haus" am freien Gelände vor der Stadtbefestigung hatte sich kurz vor der Einnahme Wiens im Jahr 1809 Napoleons Kriegsrat aus strategischen Gründen versammelt.

1830 eröffnete hier ein elegant eingerichtetes Kaffeehaus mit spektakulärem Blick auf die Stadt Wien und zum Kahlenberg. Als man um 1900 den heute noch bestehenden Neubau errichtete, eröffnete im Erdgeschoss wiederum ein Kaffeehaus mit gleicher Bezeichnung und wurde zum Namensgeber für das ganze Haus. Gleich zwei interessante Frauen sind mit dessen Geschichte verknüpft.

Das Grand Café wurde von der Familie Obertimpfler ge-
führt, deren Tochter Carolina (1882–1950) eine stadtbekannte
Schönheit war. Schnell entwickelte sich der Platz zu einem
Treffpunkt für Intellektuelle und Künstler, die für die junge
Lina schwärmten. 1902 erhörte sie schließlich einen ihrer vielen Verehrer und heiratete den zwölf Jahre älteren Architekten
Adolf Loos. Er errichtete für sie beide mit dem Geld ihrer Eltern eine elegante Wohnung in der Giselastraße (heute Bösen-
dorferstraße) ein. Die Ehe war allerdings nur von kurzer Dauer
und endete mit einem ordentlichen Skandal. Lina hatte eine
Affäre mit dem 18-jährigen Heinz Lang, Sohn der liberalen
Frauenrechtlerin Marie Lang. Nach Beendigung der Liaison
suchte der Gymnasiast Trost bei dem Literaten Peter Alten-
berg, der dem Liebeskranken einen folgenschweren Ratschlag
gab: „Was Sie tun sollten? Sich erschießen. Was sie tun werden?
Weiterleben. Ruhig. Weil sie so feig sind wie ich, so feig wie die
ganze Generation, innerlich ausgehöhlt, ein Lügner wie ich."
Heinz Lang entschied sich für ersteres und schockierte die

Wiener Gesellschaft nachhaltig. Seine tragische Geschichte inspirierte Arthur Schnitzler zum Drama „Das Wort".

Die zunächst geächtete Lina Loos ließ sich von ihrem Mann scheiden und wollte fortan finanziell unabhängig auf eigenen Beinen stehen. Muse zu sein genügte ihr nicht mehr. Sie arbeitete als Schauspielerin und Kabarettistin in Wien, Berlin und sogar New York, schrieb Feuilletons, Theaterstücke und Lyrik. In ihrer Autobiographie „Das Buch ohne Titel" meinte sie: „Man muss nur den Mut haben, alles auf die Spitze zu treiben! Wer ausweicht, weicht sich selbst aus, und wer sich selbst ausweicht, der findet sich nicht. Alles zu Ende führen! Sieg oder Niederlage – beides ist ein Sieg, wenn Du frei bist für das Neue!"

Mut und eine tüchtige Portion Unternehmergeist bewiesen auch die Schwestern Flöge. Im ersten Stock der Casa Piccola befand sich von 1904 bis 1938 der berühmte Haute-Couture-Salon der Schwestern Helene, Pauline und Emilie. Letztere war die langjährige Freundin, Muse und Schwägerin von Gustav Klimt, der den Schwestern Entwürfe für die neuen korsettfreien Reformkleider im Stil der Wiener Werkstätte lieferte. Deren Gründer Kolo Moser und Josef Hoffmann hatten das Innere des modernen Salons gestaltet. In den besten Zeiten arbeiteten hier 80 Schneiderinnen. Zu den prominenten Kundinnen zählten viele Damen der „besseren" Gesellschaft, die sich von Klimt porträtieren ließen: Sonja Knips, Mäda Primavesi, Serena Lederer und andere. Auch Klimt selbst liebte die weiten Kleider und trug diese nicht nur als Malerkittel in seinem Atelier,

sondern auch am Attersee, wo er mehrere Sommer mit Emilie Flöge verbrachte. Er malte seinen Lebensmenschen bereits 1902 in einem blauen, typisch gemusterten Reformkleid. Das berühmte Bild ist heute im Wien Museum zu bewundern, wie übrigens auch das Wohnzimmer von Adolf und Lina Loos.

Warum prangen an einem Geschäft am Graben das persische und das osmanische Wappen?

Es ist wohl der Name des bekanntesten Herrenschneiders von Wien und eines der ersten Mode-Labels überhaupt: Kniže. Zu den berühmten Kunden zählten gekrönte Häupter und Künstler wie Oskar Kokoschka, Billy Wilder und Maurice Chevalier. Auch Marlene Dietrich ließ sich ihre berühmten weiten Hosen hier schneidern. Das elegante Geschäft am Graben Nummer 13 gestaltete in den Jahren 1910–13 innen wie außen der berühmte Architekt Adolf Loos. Er entwarf auch die weiteren Dependancen in Karlsbad, Berlin und in Paris. Es gab Niederlassungen in Prag (Wiedereröffnung 2012) und sogar New York – aber nicht in Istanbul oder Teheran, obwohl die historischen Wappen beider Länder die Loos-Fassade des Geschäfts schmücken. Wie kam es dazu?

Gegründet wurde das Unternehmen bereits 1858 von dem aus Böhmen stammenden Schneider Josef Kniže. Er hatte sich auf Reit- und Sportbekleidung für Männer spezialisiert und erhielt bei der Weltausstellung 1873 eine „Fortschrittsmedaille" für seine hochwertigen Produkte. Auch die internationalen Gäste interessierten sich für die elegante Mode und dazu passenden Accessoires. Der Sultan des Osmanischen Reichs und der Schah von Persien erhoben Kniže noch vor dem österreichischen Kaiser zum Hoflieferanten. Mit der exotischen Auszeichnung schmückten sich auch andere Wiener Firmen

wie etwa die „k. u. k. Hof-Reiserequisiten und Lederwaren-Fabrik" M. Würzl & Söhne, der Hof-Juwelier V. Mayer's Söhne, der Wagenfabrikant A. Weiser & Sohn und die Klavier-Produzenten Gebrüder Stingl. Nāser ad-Din Schah pflegte allerdings seine Bestellungen nicht zu bezahlen, da dies nach persischer Sitte gegen die Gastfreundschaft verstoßen hätte. Stattdessen verlieh er eine Vielzahl an Orden. Das Welt-Blatt vom 19. Februar 1886 berichtete anlässlich der ehrenvollen „Dekorierung" für Kniže folgendes: „Die Firma hatte nämlich die Ehre, eine künstlerisch in Gold- und Silberstickerei ausgeführte Wagen-Schooßdecke liefern zu dürfen. Als sichtbares Zeichen der höchsten Zufriedenheit erfolgte die genannte Auszeichnung." Das war dann wohl ein schwacher Trost, aber dafür – wie die Wappen am Kniže-Geschäft zeigen – etwas Bleibendes, so wie die hohe Qualität des Hauses.

Wo wohnte Hans Christian Andersen bei seinem ersten Wien-Besuch?

. . . .

„Der Kaisers neue Kleider", „Die kleine Meerjungfrau", „Die Prinzessin auf der Erbse" oder „Die Schneekönigin": Seit Generationen verzaubern die Märchen von Hans Christian Andersen (1805–1875) Kinder wie Erwachsene gleichermaßen. Weniger bekannt ist, dass der dänische Dichter auch Reiseberichte verfasste, zu denen ihn seine zahlreichen Auslandsaufenthalte inspirierten. Unter dem Motto „Reisen ist leben" besuchte die „Storchennatur", wie Andersen sich selbst scherzhaft nannte, ganz Europa. Dabei machte er innerhalb von fast vierzig Jahren insgesamt sechs Mal in Wien Station – zuerst noch als unbekannter Schriftsteller, später als gefeierter Autor. Hier traf er viele Persönlichkeiten wie seinen Landsmann Theophil Hansen, die von ihm verehrte schwedische Sängerin Jenny Lind sowie die Dichter Franz Grillparzer und Ignaz Franz Castelli. Zu letzterem bestand über die Jahre eine besondere Freundschaft, wie auch Castellis Verse in Andersens Stammbuch zeigen:

„Es ist eine seltsame Sache:
Ich sprach Deutsch und Dänisch Du,
Und doch verstanden wir uns im Nu.
Ja, Freund! Im Aug' liegt die Sprache
Und im Herzen der Schlüssel dazu."

Im Jahr 1846 wurde Andersen sogar an den Wiener Hof geladen, um bei einer Tasse Tee Erzherzogin Sophie und ihren Söhnen Franz Joseph und Maximilian seine Märchen vorzulesen.

Wien sah er eher mit kritischen Augen, genoss aber gleichzeitig die reichen Kunstschätze und die gesellige Lebensart der Bewohner. Wenig schmeichelhaft ist Andersens Urteil über die Wiener, die er in seinem Tagebuch als „Leute im Frack und mit Kartoffelgesichtern" bezeichnete. Trotzdem ließ er einen Großteil seines Romans „Nur ein Geiger" in Wien spielen.

Bei seinem ersten Wien-Aufenthalt im Sommer 1834 wohnte Andersen im Vorgängerhaus in der Naglergasse 8, wo heute eine Gedenktafel an seinen Aufenthalt erinnert. Auch im Café Dommayer in Hietzing wird dem großen Märchenerzähler gedacht. Hier hatte er mit Begeisterung Musik von Johann Strauß Vater gehört.

Was beobachtete Mark Twain
bei seinem Wien-Aufenthalt?

....

„Man kann nicht ein paar Jahre in Wien leben, ohne durch und durch dem Zauber dieser Stadt zu verfallen": So schwärmte Samuel
Langhorne Clemens alias Mark Twain
(1835–1910) von der Residenzstadt der Habsburger. Nach einer Fehlinvestition finanziell
ruiniert, sah sich der schon zu Lebzeiten be-
rühmteste Schriftsteller Amerikas und geis-

tige Vater von Tom Sawyer und Huckleberry Finn gezwungen,
auf eine mehrjährige Vorlesungsreise zu gehen, die seine Familie und ihn um die halbe Welt führte. Am Ende stand ein längerer Aufenthalt in Wien auf dem Programm, denn Twains
Tochter Clara wollte in der Stadt der Musik bei dem berühmten Klavierpädagogen Professor Theodor Leszetycki Unter-
richt nehmen. So kam es, dass die Familie Twain von Herbst
1897 bis Mai 1899 in der Kaiserstadt Station machte, nur un-
terbrochen von einer mehrwöchigen Sommerfrische in Kalten-
leutgeben (Niederösterreich). Die heimische Presse überschlug
sich mit Berichten und Interviews über den 62-jährigen Humo-
risten, der seinerseits das Wiener Kulturleben in vollen Zügen
genoss und seine Eindrücke in einigen Essays niederschrieb.
Auch die politische Situation des Vielvölkerstaates und der auf-
keimende Antisemitismus interessierten den Autor. So wurde
Twain im Reichsrat Zeuge der berühmten zwölfstündigen
Dauerrede zur Badenischen Sprachverordnung. Diese besagte,
dass in Böhmen und Mähren neben Deutsch auch Tschechisch
Amtssprache werden sollte, was von den deutschsprachigen Beamten als Benachteiligung angesehen wurde. Während der
Marathonrede, die die Abstimmung über das Gesetz hinauszö-
gern und eventuell verhindern sollte, kam es im Abgeordneten-

haus zu einem Sturm der Entrüstung mit Schreiduellen und Prügelszenen, die Twain im Essay „Stirring Times in Austria" („Turbulente Zeiten in Österreich") festhielt.

Doch es gab noch ein anderes historisches Ereignis, das er mit seiner Familie von einem Fensterplatz des neuen Hotel Krantz (heute Hotel Ambassador) am Neuen Markt beobachten konnte: das Begräbnis der in Genf ermordeten Kaiserin Elisabeth, das am 17. September 1898 stattfand. In einem Brief an einen Freund schilderte er seine Eindrücke:

> „Um vier Uhr zwölf kommt endlich die Spitze des Begräbniszuges … an der Spitze Kavallerie … drei von je sechs Pferden gezogene Trauerkarossen … Truppen in farbenprächtigen Uniformen … dann ein dumpfer Trommelwirbel und der großartige von acht schwarzen Pferden im Schritttempo gezogene Leichenwagen erscheint. Der Sarg wird in die Kirche getragen, die Tore schließen sich … die Menge bedeckt ihre Köpfe, und der Rest des Leichenzuges zieht vorüber."

In dem erst nach seinem Tod veröffentlichten Artikel „The Memorable Assassination" („Der bemerkenswerte Mord") über die Kaiserin Elisabeth meinte er: „Je mehr man über diesen Mord nachdenkt, desto größer wird das Ereignis."

Wer war die „Blutgräfin"?

Die Nichte des polnischen Königs Stephan Báthory ist als „Blutgräfin" in die Geschichte eingegangen. Erzsébet Báthory Nádasdy, 1560 in Transsylvanien (heutiges Rumänien) geboren, trieb an mehreren Orten ihr Unwesen. Neben den im damals zum Königreich Ungarn gehörigen Burgen Čachtice (heute Slowakei) und Lockenhaus (heute Burgenland) verbrachte Eli-

sabeth auch Zeit in ihrem Stadtpalais in Wien, das sich im Alten
Harnischhaus (auch Ungarisches
Haus genannt) in der Augustiner-
straße 12 befand. Auch jetzt noch
strahlt das schlichte, etwas herun-
tergekommene Gebäude direkt gegenüber der Hofkirche St. Augus-
tin etwas Unheimliches aus. Das ist
nicht weiter verwunderlich, wenn
man bedenkt, was sich hinter diesen Mauern Schauerliches zugetra-
gen haben soll.

Mit fünfzehn Jahren heiratete
Elisabeth den ungarischen Magna-
ten Ferenc Graf Nádasdy II., der 1604 verstarb. Von da an ver-
waltete sie das reiche Erbe ihrer Familie, das sich über ganz
Nord-Ungarn erstreckte, allein. In dieser Zeit soll es an den
Orten, an denen sich die Gräfin jeweils aufhielt, zu furchtba-
ren Szenen gekommen sein. Junge Dienstmädchen wurden
von ihrer Herrin zu Tode gequält, und zwar auf jede nur er-
denkliche sadistische Art. Die Mädchen wurden gezwungen,
ihr eigenes, bei lebendigem Leib herausgeschnittenes Fleisch
vor den Augen der Adeligen zu essen. An besonders kalten
Wintertagen ließ Elisabeth Wasser über ein Mädchen gießen,
bis dieses zu einer Eissäule erstarrt war. Es gab keine Art der
Folter, die die „Blutgräfin" ausgelassen hätte. Aufgrund des
Verschwindens der Mädchen und des nachlässigen Beseitigens
der Leichen beziehungsweise von Teilen solcher brodelte die
Gerüchteküche, sodass 1611 die Burg Čachtice gestürmt und
das blutige Treiben der Gräfin aufgedeckt wurde. Elisabeth
wurde vor Gericht gestellt und für über 600 Morde verantwortlich gemacht. Im Gegensatz zu ihren Mitwissern und

Helfern wurde sie nicht zum Tode verurteilt, sondern in einem Turmzimmer ihrer Burg eingemauert. Durch einen Spalt wurde ihr Wasser und Nahrung gereicht, bis eines Tages im Jahre 1614 ihr Tod festgestellt wurde.

Über die schreckliche Serienmörderin verbreiteten sich bald noch weitere blutrünstige Sagen. So soll Elisabeths Anreiz zum Ermorden der Jungfrauen darin gelegen haben, dass sie – um ihre Schönheit und ewige Jugend zu bewahren – in deren Blut badete. Mittels einer Eisernen Jungfrau, einem Schrankkoffer in Form eines Kontrabasses, der innen mit großen, nach außen stehenden Nagelspitzen „verziert" war, wurden die Mädchen im wahrsten Sinne des Worte ausgeblutet.

Neuere Forschungen sehen hinter der Legendenbildung der brutalen „Blutgräfin" eine Intrige der Habsburger, die auf diesem Weg eine der mächtigsten und einflussreichsten ungarischen Dynastien zu Fall bringen wollten. Auch die katholische Kirche trug ihr Scherflein dazu bei, war Elisabeth doch zum protestantischen Glauben übergetreten und damit ein hexengleiches Feindbild. Nichtsdestotrotz sprechen die Indizien dafür, dass Elisabeth eine blutrünstige Herrscherin war, deren Horror-Taten bis in die Gegenwart unzählige Schriftsteller, Regisseure, Liedermacher bis hin zu Computerspielentwicklern inspiriert haben.

Gab es in Wien Hexenverbrennungen?

In Wien gab es überraschenderweise nur eine zum Tod auf dem Scheiterhaufen verurteilte Hexe, und das war die bedauernswerte Elisabeth Plainacher. Die aus der Nähe von Melk stammende Witwe hatte sich eine Zeit lang um ihre Enkelin Anna gekümmert, bei deren Geburt die Mutter des Kindes, ihre Tochter, gestorben war. Als Fünfzehnjährige begann das

Mädchen, an epileptischen Anfällen und einer Nervenschwäche zu leiden. Schnell tauchte der Verdacht auf, dass sie von der Großmutter verzaubert worden und vom Teufel besessen wäre. Diese Gerüchte wurden vom örtlichen Bader Walperl, von dem Jesuiten Georg Scherer und Georg Schlutterbauer, dem Vater des Kindes, gestreut. Alle drei wollten der alten

Frau aus verschiedenen Gründen schaden. Ersterer war nicht nur Betreiber einer Badestube, sondern fungierte auch als „Arzt für kleine Leute" und sah in der kräuterkundigen Frau eine gefährliche Konkurrenz. Dem „Gottesmann" missfiel, dass die Plainacherin zum evangelischen Glauben übergetreten war, und ihr Schwiegersohn – ein bekannter Trunkenbold – wollte seine Tochter vor dem Einfluss der Großmutter „schützen".

Anna wurde am 14. August 1583 mittels Exorzismus durch die Kirche von 1.2652 (!) Teufeln befreit und in ein Wiener Kloster gebracht. Gleichzeitig wurde die „Zauberin Elisa Plainacher durch kaiserlichen Befehl mit aller Vorsicht, weil sich derlei Personen auch unsichtbar machen können, nach Wien transportirt, da mit der oben erwähnten Excorirung nichts ausgerichtet werden kann, wenn diese Elsa, welche die besessene Schluttenpauer verzaubert habe, nicht in richterlichem Gewahrsam gebracht sey", berichtete der Wiener Bischof Neubek an Kaiser Rudolf II..

Elisabeth Plainacher wurde in das Diebsschergenhaus in der Rauhensteingasse gebracht und mehrmals „peinlich befragt" – so die Bezeichnung für Folter zu dieser Zeit –, bis sie alles gestanden hatte, was man von ihr hören wollte. Ein Begnadigungsschreiben für die circa 70 Jahre alte Frau wurde vom Kaiser abgelehnt. Am 9. September 1583 band man die Verurteilte auf ein Brett, das an zwei Pferden hing, und schleifte sie in Begleitung einer sensationsgierigen Menschenmenge zur Gänseweide (heute Kegelgasse, 3. Bezirk, beim berühmten Hundertwasserhaus). Auf dieser Hinrichtungsstätte wartete schon der Scheiterhaufen, auf dem die „einzige Hexe Wiens" bei lebendigem Leibe verbrannt wurde.

Heute erinnert an das einzige Opfer der Hexenverfolgung in Wien die Elsa-Plainacher-Gasse im 22. Bezirk.

Was ist an der Skodagasse oder dem Schlesingerplatz so außergewöhnlich?

. . . .

In dem kleinen Bezirk Josefstadt fand man eine pragmatische Lösung, um mit nur einer Straßenbezeichnung an gleich zwei Persönlichkeiten mit ein und demselben Familiennamen zu erinnern.

Die Skodagasse hat nur indirekt mit der gleichnamigen Automarke zu tun. Der Namensgeber dieser ist der böhmische Ingenieur und Industrielle Emil Škoda, der mehrere Maschinen-, Stahl- und Waffenfabriken besaß, die später auch Automobile erzeugten. Die Gasse ist jedoch nach seinem Onkel benannt, dem berühmten Arzt Joseph von Škoda (1805–1881), einem Vertreter der Zweiten Wiener Medizinischen Schule. Er entwickelte die Perkussionsmethode, das Abklopfen des Oberkörpers bei einer Untersuchung, weiter. Die Gemeinde Wien widmete die Straße 1987 aber auch dem großen Burgschauspieler Albin Skoda (1909–1961), der sein Publikum vor allem durch sein unvergleichliches Timbre in den Bann zog.

Beim Schlesingerplatz ist die Situation eine andere: Von 1901 bis 1938 und von 1948 bis 2006 war dieser nach Josef Schlesinger (1831–1901), einem Naturphilosophen und christlich-sozialen Politiker, benannt. Im Zuge einer Untersuchung aller politisch belasteten Straßennamen stellte die Universität Wien im Auftrag der Stadt fest, dass sich der ehemalige Bezirksvorstand der Josefstadt in seinen Reden im Gemeinderat in höchstem Maße antisemitisch geäußert hatte. Der Platz wurde ihm aberkannt und stattdessen Therese Schlesinger (1843–1940) gewidmet. Die aus einer liberalen jüdischen Familie stammende Frauenrechtlerin und Schriftstellerin gehörte zu den ersten Sozialdemokratinnen, die in der Ersten Republik in das Parlament gewählt wurden. Allerdings gibt es im 14. Bezirk noch immer eine Josef-Schlesinger-Straße, dafür aber im 8. Bezirk auch eine nach Therese Schlesinger benannte Wohnanlage in der Wickenburggasse.

Welche Gasse inspirierte Ödön von Horvath zu „Geschichten aus dem Wiener Wald"?

. . . .

Das Vorbild für die „Stille Straße im 8. Bezirk", wie es im Textbuch des Theaterstücks heißt, ist die Lange Gasse in Wien-Josefstadt. Der österreichisch-ungarische Schriftsteller wohnte ab dem Jahre 1920 mehrere Male auf der Nummer 49 in der Pension Zipser, heute noch ein Hotel. Nicht weit von hier befindet sich auf Nummer 29 ein gelbes Vorstadthaus mit einem gusseisernen Balkon, das tatsächlich das Haus des „Zauberkönigs", des Vaters der Hauptfigur Marianne, sein könnte.

Mit „Geschichten aus dem Wiener Wald" schuf Ödön von Horvath (1901–1938) ein Volksstück mit für die Stadt typischen Figuren wie dem „süßen Mädel". Gleichzeitig demaskiert es aber das berühmte „goldene Wiener Herz" und viele andere Klischees. All das ist laut Regieanweisung des Autors immer wieder unterlegt von den Klängen des gleichnamigen und titelgebenden Walzers von Johann Strauß Sohn.

Entstanden ist die sozialkritische Milieustudie Ende der Zwanzigerjahre im Zeichen der Weltwirtschaftskrise und Massenarbeitslosigkeit. Horvath war ein Chronist seiner Zeit, der völlig frei von Kitsch das Elend der kleinen Leute und die Brutalität der Zwischenkriegszeit schilderte. Jeder Figur ist ein ganz eigener Sprachduktus zugeordnet, ein ihrer Bildung und ihrem Charakter entsprechender Jargon. Dies kann man wunderbar in der legendären ORF-Verfilmung aus dem Jahre 1961 mit Johanna Matz als Marianne, Helmut Qualtinger als

Fleischhauer Oskar, Jane Tilden als Trafikantin Valerie und Hans Moser als Zauberkönig spüren. Regie führte Erich Neuberg. Hans Moser hatte die Rolle des Zauberkönigs schon bei der Uraufführung 1931 gespielt, die allerdings nicht in Wien, sondern in Berlin – im von Max Reinhardt geführten Deutschen Theater – stattgefunden hatte. An seinem Originalschauplatz Wien erlebte das Stück erst am 1. Dezember  1948 seine Premiere am Wiener Volkstheater und wurde gleich zum Affront für Publikum und Kritik. Empört schrieb die Wiener Tageszeitung: „Diesen Gespensterreigen von Halbtrotteln und Verbrechern ein Volksstück zu nennen, ist eine Anmaßung."

Unter den Nationalsozialisten wurden die „Geschichten", die heute längst zu den Klassikern der österreichischen Theaterliteratur gehören, verboten, so wie das Gesamtwerk Horvaths. Er selbst musste das Land verlassen. Am 1. Juni 1938 spazierte der Schriftsteller in Paris nach einem Kaffeehausbesuch über die Champs-Élysées, als ihn ein stürmisches Gewitter überraschte. Ein Blitz schlug in einen Baum ein, ein Ast löste sich und traf den Dichter tödlich am Kopf. Kurz zuvor hatte Horvath noch fast prophetisch gemeint: „Vor den Nazis habe ich keine so sehr große Angst … Es gibt ärgere Dinge, nämlich die, vor denen man Angst hat, ohne zu wissen warum. Ich fürchte mich zum Beispiel vor der Straße. Straßen können einem übel wollen, können einen vernichten."

Warum sind manch alte Straßenschilder rechteckig, manche oval?
....

Mitte des 19. Jahrhunderts wurden die Vorstädte eingemeindet, was in der Folge auch zu einer Umstrukturierung der Kennzeichnung der Häuser führte. Dabei wurden die alten, unter Maria Theresia eingeführten Konskriptionsnummern endgültig abgelöst. Diese wurden aus verwaltungstechnischen Gründen vergeben, Ausgangspunkt war die Hofburg mit der Nummer 1. Ansonsten konnte man sich aber an den in der ganzen Stadt bunt durcheinandergewürfelten, mehrstelligen Zahlen keinesfalls orientieren. Konskriptionsnummern gab es auch außerhalb der Donaumonarchie, eine aber erlangte sogar Weltruhm: Das berühmte Kölnisch Wasser 4711 geht auf eine Konskriptionsnummer zurück. In der Glockengasse 4711 in Köln stand das Stammhaus der Firma Muelhens GmbH & Co. KG, die ab 1799 das Original Eau de Cologne produzierte, das heute zu den ältesten Parfum-Marken der Welt zählt.

Doch zurück nach Wien: Bestrebungen für Reformen zur besseren Übersicht gab es schon lange. 1862 wurden schließlich Gebäude innerhalb der sie umgebenden Verkehrsfläche

durchnummeriert. Ein System, das noch heute besteht: Auf der einen Straßenseite befinden sich die geraden, gegenüber die ungeraden Hausnummern, bei Plätzen erfolgte die Durchzählung im Kreis.

Zur besseren Orientierung erhielten damals parallel zum Ring verlaufende Straßen ein ovales Schild, von diesem wegführende Routen ein rechteckiges. Eine weitere Übersichtshilfe bildete ein Farbsystem, das jeden Bezirk klassifizierte:

1.,	Innere Stadt	rot (immer eckig)
2.,	Leopoldstadt	violett
3.,	Landstraße	grün
4.,	Wieden	rosa
5.,	Margareten	schwarz
6.,	Mariahilf	gelb
7.,	Neubau	blau
8.,	Josefstadt	grau
9.,	Alsergrund	braun

Auch heute kann man in alten Teilen der innerstädtischen Bezirke noch historische Straßenschilder oder Hausnummern finden, die diesem System folgen. Die Außenbezirke wurden nach der Eingemeindung 1890/92 einfach mit rot umrandeten Schildern und Frakturschrift gekennzeichnet. Das alte System wurde 1923 von den blauen Emailtafeln mit weißen, arabischen Zahlen und lateinischen Buchstaben abgelöst. Diese Schrifttype ist übrigens auch unter dem Begriff Wiener Norm bekannt.

Nur an speziellen Orten werden zum Ensembleschutz noch Schilder im alten Design angebracht. Auf das alte Orientierungssystem mit ovalen und eckigen Tafeln wird dabei leider nicht mehr geachtet. Aber heute gibt es als Orientierungshilfe schließlich das Navi …

Was war die Porta Dextra?

Im Römischen Reich bildete die Donau den so genannten Limes, eine natürliche Landesgrenze, die von Soldaten verteidigt wurde. So entstanden am Südufer des Flusses – wie die auf einer Kette aufgefädelten Perlen – unzählige römische Militärlager. Im ersten Jahrhundert n. Chr. wurde im heutigen Wiener Stadtgebiet das Castrum Vindobona errichtet. Das von einer dicken Steinmauer eingefriedete Lager war fast rechteckig und hatte an jeder Seite Tore: die Porta Praetoria, die Porta Decumana, die Porta Principalis Sinistra und die Porta Principalis Dextra. Im Lager bildeten die gepflasterten Hauptstraßen eine Schnittstelle, die heute nicht weit vom Hohen Markt in Richtung Wipplinger Straße zu finden wäre, dem ehemaligen Zentrum der Legionärsstadt. Die östlich gelegene Porta Dextra befand sich Ecke Kramergasse/Ertlgasse, wo heute das gleichnamige Delikatessengeschäft der Traditionsfirma Haas & Haas untergebracht ist. Interessierte dürfen hier einen Blick in die vorbildlich restaurierten Kellergewölbe wer-

fen. Diese führen über mehrere Ebenen in die Tiefe und sind Schauplatz für Weinverkostungen, Lesungen und Veranstaltungen. An einigen Stellen kann man römische Steine erkennen, die wohl ursprünglich von dem alten Torturm stammten und später für den Bau des Kellergewölbes verwendet wurden. Hier kommen rund 2.000 Jahre Geschichte zusammen, archäologische Raritäten aus der Römerzeit gehen mit edlen Köstlichkeiten österreichischer Produzenten der Gegenwart eine Symbiose ein. Am besten verkostet man in der Vinothek ein Glaserl Wiener Wein und denkt daran, dass es der römische Kaiser Probus war, der seinen Soldaten erlaubte, in der Umgebung Trauben anzubauen, und damit den kultivierten Weinbau in den Wiener Raum brachte.

Warum waren Wahltage bei den Wirten bis 1979 nicht beliebt?

. . . .

Eigentlich ist dies keine Frage, die nur Wien betrifft, aber da der Ursprung dieses unbeliebten „Übels" in der Bundeshauptstadt lag und die Wiener Wirte sicherlich besonders darüber gegrantelt haben, soll die Antwort in diesem Buch Platz finden. Das „Gesetz vom 18. Dezember 1918 über die Wahlordnung für die konstituierende Nationalversammlung für den Staat Deutschösterreich" sah Folgendes vor: „Der Ausschank von geistigen Getränken ist am Wahltage sowie am Tag davor verboten."

Das Verbot hielt sich, leicht modifiziert, auch noch in den darauf folgenden Jahrzehnten – bis zum Jahr 1979. Warum die kuriose Bestimmung schließlich wegfiel, kann keiner mehr sagen. Die Wirte hat's sicher gefreut. Einfluss auf das Wahlergebnis hatte es wohl niemals, denn es war immer nur ein Ausschankverbot und kein allgemeines Konsumverbot für den Alkohol.

Was ist ein Kracherl?

„Kracherl" ist ein alter Ausdruck für eine Limonade, die man vor allem für Kinder beim Heurigen oder in anderen Lokalen bestellte. Auch heute bedienen sich einige Firmen aus Marketingzwecken dieses nostalgischen Begriffs, sodass er nicht vom Aussterben bedroht ist. Aber woher kommt der seltsame Name?

Früher erhielt man das spritzige Getränk mit Himbeer- oder Zitronengeschmack in sogenannten Kugelverschlussflaschen. Diese haben nichts mit den heute noch, vor allem bei Bier gebräuchlichen Bügelverschlüssen zu tun, sondern sahen ganz anders aus. Beim Kracherl trieb die Kohlensäure der Limonade eine Glaskugel in den verengten Flaschenhals, in dem sich ein breiter Gummiring befand. Durch den Druck war die Flasche verschlossen. Um sie zu öffnen, musste man mit dem Finger die Kugel hineindrücken. Bei diesem Vorgang gab es durch das Austreten der Kohlensäure einen leisen Krach – schon war der Name geboren, zumindest in Österreich und Bayern. In anderen Teilen Deutschlands wurde teilweise der Begriff Knickerwasser verwendet. Das Kracherl soll übrigens auch der Grund dafür sein, dass Österreicher, wenn sie eine Limonade mit Kohlensäure bestellen, das Neutrum verwenden (zum Beispiel „ein Cola" oder „ein Fanta") – ganz im Gegensatz zu den Deutschen, die immer den weiblichen Artikel benützen.

Im Englischen bezeichnet man die Flasche als „Codd-(neck-) bottle", benannt nach ihrem Erfinder Hiram Codd, der 1872 in London das Patent dafür angemeldet hatte. Alte Kracherlflaschen sind heute begehrte Sammlerobjekte, denn es blieben nicht allzu viele erhalten. Hauptgrund dafür: Kinder wollten die Glaskugel als Murmel zum Spielen verwenden. Doch um an diese zu gelangen, musste die Flasche nun mal zerbrochen werden.

Was versteht man unter einem Springinkerl?

Das Wort ist mit einer der vielen Sagen rund um den Stephansdom verbunden:

Es waren einmal drei kleine Teufelchen namens Luziferl, Spirifankerl und Springinkerl. Es gelang ihnen, in das Gotteshaus einzudringen und unsichtbar allerlei Unfug zu treiben. So sollen die drei etwa Kerzen ausgeblasen haben, die Gläubige gerade entzündet hatten, oder die Betenden gezwickt haben. Mit der Zeit wurden die Teufelchen immer selbstsicherer und machten sich gar nicht mehr unsichtbar, sodass es dem Mesner schließlich gelang, alle drei einzufangen. Aus Zorn verwandelten sie sich in Stein und wurden später an der Außenmauer von St. Stephan angebracht. Ein Gitter vor den drei Tattermännern, wie sie auch genannt werden, stellt sicher, dass sie nicht entwischen können, falls sie doch wieder zum Leben erwachen sollten. Die drei Steinfiguren befinden sich heute im Bereich der leider nicht öffentlich zugänglichen Dombauhütte. In Wahrheit waren es vermutlich heidnische Kultfiguren, die bei den Aushubarbeiten für den Dom gefunden wurden. Daraus entstand im Lauf der Zeit dann diese Geschichte – und das „Springinkerl" hat sich sogar seinen festen Platz in unserem Sprachgebrauch erobert. Manch einer hat die Mahnung der Eltern noch im Ohr, „doch nicht so ein Springinkerl" zu sein. Und auch heute noch werden so Kinder genannt, die nicht still sitzen können – sozusagen die Wiener Variante des berühmten Zappel-Philipps.

Vor ein paar Jahren wurde in den Katakomben des Doms ein ganz anderes springendes Wesen erstmals entdeckt, und zwar der *Megalothorax sanctistephani*: Der nur einen halben Millimeter große St. Stephans-Kugelspringer ist eine zu den Insekten zählende Springschwanzart, die im eiszeitlichen Schotter tief unter der Kathedrale seinen dunklen Lebensraum hat. Einige Arten haben einen gegabelten Schwanz, den sie so heftig ausklappen, dass sie mit dem gewonnen Schwung einige Zentimeter weit hüpfen können. Das erinnert dann doch irgendwie auch wieder an ein springendes Teufelchen, oder?

Wo würde Harry Potter in Wien wohnen?

Es gibt wohl kein anderes Buch, das in den letzten Jahrzehnten so viele Menschen weltweit verzauberte wie die magischen Abenteuer des Harry Potter. Eingefleischte Fans wissen, dass er in einer englischen Kleinstadt bei der Pflegefamilie Dursley am Ligusterweg 4 wohnt, bevor er schließlich in die Zauberschule nach Hogwarts darf. Auch in Wien gibt es einen Ligusterweg, und zwar im idyllischen Pötzleinsdorf im 18. Bezirk. Er trägt bereits seit 1967 diesen Namen. Im englischen Original heißt die Adresse übrigens Privet Drive, was übersetzt Ligusterweg heißt, aber lautmalerisch auch das Wort „privat" mitschwingen lässt. Dies spielt auf die biedere Lebensweise der Dursleys an und steht damit in krassem Gegensatz zu den spannenden Erlebnissen, die Harry erwarten. Auch die Sortenwahl dürfte kein Zufall sein. Der Strauch mit den weißen Blüten und giftigen Beeren ist laut dem mittelalterlichen walisischen Epos „Cad Goddeu" („Schlacht der Bäume") eine segensreiche Pflanze für Zauberer.

Wo befindet sich Wiens älteste Myrte?

. . . .

Im Schlosspark Schönbrunn – wo genau, ist allerdings ein Geheimnis beziehungsweise wird konsequent nicht ausgeschildert. Somit ist das Wissen um den konkreten Standort nur Eingeweihten vorbehalten. Dann und wann rücken die Österreichischen Bundesgärten die besondere Pflanze bei Spezialausstellungen ins Rampenlicht, um sicherzugehen, dass sich Souvenirjäger ihrer nicht bedienen. Die Myrte war nämlich ein Geschenk des osmanischen Sultans Mahmoud I. für Maria Theresia anlässlich ihrer Vermählung mit ihrer Jugendliebe Franz Stephan von Lothringen. Die Hochzeit fand am 12. Februar 1736 statt. Das in einem Kübel wachsende Bäumchen ist also schon bald dreihundert Jahre alt und damit weit älter als ihre „Kollegin" in Deutschland: Im Schau- und Sichtungsgarten in Weinheim in Baden-Württemberg findet man Deutschlands größte und älteste Myrte, die aus dem Jahr 1879 stammt.

Die Myrte mit den weißen Blüten und immergrünen Blättern gilt seit der Antike als Zeichen der Jungfräulichkeit (daher auch die oftmalige Verwendung in Brautkränzen), aber auch der Liebe und Fruchtbarkeit. Letzteres hat bei Maria Theresia mit ihren sechzehn Kindern bestens funktioniert.

Was bedeutet das Wort „XAIPE"
auf manchen Wiener Häusern?

. . . .

Das Wort „XAIPE" wird eigentlich „chaire" ausgesprochen und ist eine altgriechische Grußformel. Mit „Χαῖρε" begrüßte der Erzengel Gabriel im Lukas-Evangelium die Jungfrau Maria, um ihr zu verkünden, dass sie den Erlöser gebären werde („Englischer Gruß"). Auch das „Ave Maria" leitet sich davon ab. Außer mit „Sei gegrüßt" wird das Wort auch mit „Freut Euch!" oder „Lebt wohl!" übersetzt. Der Gruß ziert einige wenige Häuser in Wien. Das bekannteste Beispiel ist wohl die Villa Xaipe in Hietzing neben dem Meidlinger Tor des Schlossparks Schönbrunn. Das markante Gebäude mit dem großen Walmdach und seiner französischen Fassadengestaltung stammt aus der zweiten Hälfte des 18. Jahrhunderts und beherbergte unterschiedliche Besitzer und Besucher. Um 1800 ließ sich Ludwig van Beethoven hier auf einen musikalischen Kampf mit dem damals berühmten Pianisten Josef Wölfl ein. Ein Zeitzeuge berichtete darüber: „Dort verschaffte der höchst interessante Wettstreit der beiden Athleten nicht selten der zahlreichen, durchaus gewählten Versammlung einen unbeschreiblichen Kunstgenuß; jeder trug seine jüngsten Geistesprodukte vor; bald ließ der eine oder der andere den momentanen Eingebungen seiner glühenden Phantasie freien ungehemmten Lauf; bald setzten sich beide an zwei Pianoforte, improvisierten wechselweise über gegenseitig sich angegebene Themas und schufen also gar manches vierhändige Capriccio, welches, hätte es im Augenblick der Geburt zu Papier gebracht werden können, sicherlich der Vergänglichkeit getrotzt haben würde."

In der Zwischenkriegszeit befand sich hier ein Kaffeehaus mit dem Namen Café Schlössl, in dessen schattigem Gastgarten einst viele Prominente wie Richard Strauss, Josef Hoff-

mann, Arthur Schnitzler, Richard Eybner oder Wilma Degischer saßen. Heute gehört das denkmalgeschützte Gebäude der Volksrepublik China und dient dem Botschafter als Residenz. Der griechische Gruß über dem Fenster im Mittelrisalit wurde allerdings nicht in chinesische Schriftzeichen übertragen. Wenn Sie wieder einmal über den Grünen Berg in den Süden Wiens unterwegs sind, fühlen Sie sich also begrüßt.

Für wen schrieb Billy Joel den Song „Vienna Waits for You"?

Der amerikanische Liedermacher und „Piano Man" Billy Joel entstammt einer deutsch-jüdischen Familie. Sein Vater Helmut wurde 1923 in Nürnberg geboren und musste als Jugendlicher mit seinen Eltern vor den Nazis fliehen. Über Kuba gelang der Familie Joel der Sprung nach New York. Helmut heiratete ein Mädchen aus Brooklyn, Sohn William kam 1949 auf die Welt. Die Ehe scheiterte allerdings bald darauf, und der Vater kehrte nach Europa zurück. Nach rastlosen Jahren als Vertreter für General Electric ließ sich Helmut Joel schließlich mit seiner zweiten Ehefrau und Sohn Alexander in Wien nieder. In der Stadt der Musik studierte Alexander am Konservatorium, heute ist er ein international erfolgreicher Dirigent. Sein Halbbruder Billy, mit mehr als hundert Millionen verkauften Alben einer der Größten der Pop-Branche, hatte lange Zeit keinen Kontakt zum Vater und zu der neuen Familie. Das änderte sich 1972, es kam zu einem Treffen von Vater und Sohn. Beide sahen sich nicht nur ungeheuer ähnlich, sondern es einte sie auch die Liebe zur Musik und ihr schwarzer Humor.

Bei einem Wien-Besuch schrieb Billy 1977 den Song „Vienna Waits for You" für seinen Vater und als Hommage an dessen neue Heimatstadt, in der die Zeit stillzustehen scheint. Die Textzeilen klingen wie der Ratschlag eines Älteren an einen Jungen, alles ein bisschen langsamer anzugehen. Der Wien-Tourismus wählte das Lied im Jahr 2002 für eine mehrmals prämierte Kampagne – eine gelungene Abwechslung zu Strauß & Co. „Vienna Waits for You" zählt nicht zu Billy Joels größten Hits, aber zu seinen Lieblingssongs.

Was ist ein Lamourhatscher?

Gemeinhin möchte man annehmen, dass jede Wienerin und jeder Wiener des Walzer Tanzens mächtig ist, dem ist jedoch bei weitem nicht so. Einen echten Lamourhatscher bringen hingegen die meisten zusammen. Im Wiener Ausdruck für einen Slow oder Stehblues – schön gedehnt „La – mua – had – scher" ausgesprochen – ist bereits das Tempo dieses Tanzes angelegt. In dem Wort versteckt sich natürlich das französische *amour*, die Liebe, aber auch das wienerische „hatschen" in der Bedeutung von hinken oder sich dahin schleppen. Das leitet sich wiederum vom beschwerlichen Hadsch, der den Moslems vorgeschriebenen Pilgerfahrt nach Mekka, ab. Der Lamourhatscher umschreibt also einen langsamen Tanz zu einem Liebeslied, während dem sich das Paar gemütlich dahin schleppt. Und wenn es sich dabei eng umschlingt, wird er zum Hosentürlreiber, aber da ist eine andere Geschichte.

Wo lag das Schwangerentor?

Im von Joseph II. 1784 eröffneten Allgemeinen Krankenhaus in Wien-Alsergrund gab es einen versteckten Eingang zur Gebärabteilung (heute 7. Hof). Durch das sogenannte Schwangerentor konnten Frauen, ohne ihre Identität zu preiszugeben, ins Krankenhaus kommen, um dort ihr Kind unerkannt und sicher zur Welt zu bringen. Damit wollte der Kaiser ein Zeichen setzen und vor allem ledige Mütter davon abhalten, ihr Neugeborenes wegzulegen oder zu töten. Gebärende aller Klassen kamen durch das Tor, oftmals auch Verheiratete, die das Ergebnis eines Seitensprungs diskret gebären wollten. Sie gaben das Baby gleich „in Kost" oder in das an das Gebärhaus angeschlos-

sene Findelhaus. Manche Frauen kamen tief verschleiert, um sicherzugehen, nicht erkannt zu werden. Die Geburt war übrigens nicht unentgeltlich, wobei sich die Kosten nach Vermögen staffelten. Frauen, die sich die Entbindung gar nicht leisten konnten, mussten sich in den Dienst der Wissenschaft stellen und zulassen, dass während der Geburt und der Untersuchungen Studenten anwesend waren. Oder sie blieben noch einige Zeit im Findelhaus, um mitzuarbeiten und als Amme die Säuglinge zu stillen.

Die Zahlen sprechen für sich: Von 1784 bis 1908 schritten circa 700.000 werdende Mütter durch das Schwangerentor, um „vor Schand und Noth" bewahrt zu sein.

Heute befindet sich auf dem Areal des Alten AKH der Universitätscampus. Das Schwangerentor hat seine Pforte geschlossen. Verzweifelte Mütter können ihr Kind aber heute noch anonym in einigen Geburtskliniken der Stadt zur Welt bringen. Im Wilhelminenspital im 16. Bezirk gibt es außerdem die Babyklappe, in der ein Neugeborenes abgelegt werden kann.

Wann fiel in Wien das letzte Opfer der Pest anheim?

. . . .

Der Schwarze Tod hatte Wien seit dem Mittelalter mehrmals fest in seiner Hand: Die Pestwellen (1349, 1381, 1436, 1521, 1541, 1563-1566, 1588, 1605, 1679 und zuletzt 1713) rafften tausende Menschen dahin. Viele Kirchen und Monumente, wie etwa die Pestsäule am Graben, wurden aus Dankbarkeit für die Erlösung von dieser schrecklichen Seuche errichtet. Im Alten AKH, heute Campus der Universität Wien, erinnert im Hof 9 ein Denkmal an den vermeintlich letzten Pesttoten von

Wien: Doktor Hermann Franz Müller. Er starb am 23. Oktober 1898 im Alter von nicht einmal 32 Jahren – ein Opfer seines Berufs. Aber wie kam es dazu?

Eigentlich war die Pest in Europa bereits eingedämmt, aber in Indien wütete sie weiterhin. So wurde eine Forschungsgruppe der k. k. Akademie der Wissenschaft, darunter auch der aus Wien stammende Mediziner, nach Bombay geschickt, um den Erreger ausfindig zu machen. Nach der Rückkehr forschte Müller in einem eigens eingerichteten „Pestzimmer" an den mitgebrachten Pestkulturen und identifizierte schließlich den Erregerbazillus. Durch eine Unachtsamkeit des als Trinker bekannten Labordieners Franz Barisch infizierte sich dieser selbst an einer Versuchsratte und starb drei Tage später an der Lungenpest. Der Vorfall erregte die Aufmerksamkeit der Medien und löste fast eine Massenpanik aus.

Doktor Müller, der Barisch gemeinsam mit der Krankenschwester Albertine Pecha selbstlos pflegte, verstarb kurz darauf unter strengster Quarantäne ebenfalls an der Seuche und erhielt schon ein Jahr später das oben erwähnte Porträtdenkmal. Nichts erinnert jedoch an Albertine Pecha, die „in Ausübung der edelsten Menschenpflicht", wie es auf ihrem Sterbebildchen hieß, eine Woche später ebenfalls an den Folgen der Krankheit verschied. Sie ist das tatsächlich letzte Opfer der Pest in Wien.

Was macht ein Mann mit Aktentasche auf dem Dach eines Hauses am Getreidemarkt?

Kaum jemand bemerkt den Mann im schwarzen Anzug und Hut, der mit einer Aktentasche am Dachgesims des Hauses Getreidemarkt 17/Ecke Mariahilfer Straße steht und im Begriff zu sein scheint, sich mit einem Sprung in die Tiefe zu stürzen – zum Glück, muss man fast sagen, denn sonst würde man sich doch ziemlich über den vermeintlichen Selbstmörder schrecken. Es handelt sich bei der Figur um ein Kunstwerk mit dem Titel „Reason To Believe". Geschaffen hat das plakative Statement Ronald Kodritsch für „Kunst im öffentlichen Raum" (KÖR). Der 1970 in Leoben geborene Maler, Zeichner, Objektkünstler und Filmemacher fertigte die Skulptur 2009 als Reaktion auf die weltweite Finanzkrise an. Gleichzeitig wirkt der Bankertyp absolut zeitlos – seine Kleidung könnte auch aus den späten Zwanziger Jahren stammen – und soll uns wohl daran erinnern, dass Krisen immer wiederkehren und Menschen an den Abgrund führen können.

Warum tragen die Wiener Sängerknaben einen Matrosenanzug?

Neben den Wiener Philharmonikern sind die Wiener Sängerknaben die wohl wichtigsten musikalischen Botschafter Österreichs. Die Buben in ihren feschen Matrosenanzügen treiben mit ihren engelsgleichen Stimmen gerührten Zuhörern auf der ganzen Welt Tränen in die Augen.

Man könnte meinen, dass die Uniform auf die Zeit der Monarchie zurückzuführen ist, als das Land noch über eine einsatzstarke Marine verfügte. Doch weit gefehlt, der Matrosenanzug wurde als Bekleidungsstück erst in der Ersten Republik eingeführt und zwar aus ganz praktischen Gründen: In der Nachkriegszeit hatte fast jeder Junge einen Matrosenanzug in seinem Kleiderschrank. Wenn man alte Fotos der Zwanziger- und Dreißigerjahre näher betrachtet, kann man sogar leichte Unterschiede bei den Uniformen feststellen, da sie nicht alle vom gleichen Schneider stammten. Heute ist das natürlich anders. Die Sängerknaben haben eine eigene Schneiderei, in der für die Buben exakt gleiche Anzüge in zwei Versionen hergestellt werden: die dunkelblaue für Tourneen, Konzerte und offizielle Auftritte, die weiße für Galakonzerte.

Und was trugen die Sängerknaben davor? Seit der Gründung im Jahr 1498 bis zum Ende der Habsburgermonarchie 1918 wurde der Chor mit kaiserlichen Uniformen ausstaffiert, die sich im Laufe der Jahrhunderte je nach Mode änderten. Der „republikanische" Matrosenanzug bleibt zeitlos und wurde sogar zum Markenzeichen.

Wer ging einst in die Storchenschul'?

Die Knabenlehranstalt in der Storchengasse 21 im heutigen 15. Bezirk besuchten einst jüdische Knaben. Das Haus gehörte seit 1873 dem israelitischen Betverein Emunath Awoth (Glaube der Väter), der hier auch eine Talmud-Tora-Schule, eine Jugend- und eine Frauenorganisation einrichtete. Der gründerzeitliche Bau wurde Anfang der Dreißigerjahre von Ignaz Reiser in eine orthodoxe Synagoge mit einer Kapazität von mehr als 300 Sitzplätzen umgebaut. Während der Novemberprogrome 1938 verwüsteten Nationalsozialisten das Innere des Storchentempels und entfernten die Davidsterne und Gesetzestafeln vom Dachgiebel. Das Gebäude wurde aber ähnlich wie die Synagoge in der Seitenstettengasse nicht in Brand gesteckt, sodass seine Hülle erhalten blieb. Nach Zwangsenteignung, Restitution und mehrmaligem Besitzerwechsel war das Haus zuletzt in sehr desolatem Zustand, bis es 2010 in einen Neubau integriert wurde, der die alte denkmalgeschützte Fassade auf ungewöhnliche Weise „umarmt": So dehnt sich der oberste Stock des modernen Nebengebäudes über das Dach des historischen Haues aus und überwölbt dieses von oben. Bis auf eine Tafel erinnert nichts mehr an die ursprüngliche Funktion des Storchentempels. Dass dieser nicht in Vergessenheit gerät, dafür sorgt das Projekt Herklotzgasse 21. Auch hier war ursprünglich einmal eine Schule untergebracht, die gemeinsam mit dem Storchentempel und der Synagoge in der Turnergasse ein Dreieck des jüdischen Lebens im Bezirk bildete. Unter dem Motto „Das Dreieck meiner Kindheit – eine jüdische Vorstadtgemeinde in Wien XV" befragten Anrainer des Hauses noch lebende Zeitzeugen nach ihren Erinnerungen an das Grätzel und organisierten die gleichnamige Ausstellung gegen das Vergessen mit einer zugehörigen Publikation sowie Filmen, die auf der Website des Wiener Stadtsenders W24 abrufbar sind.

Wer erfand den Vatertag?

. . . .

„Vater sein ist vielfach Plag', drum leb er hoch, der Vatertag."
Diesen Spruch erfand der Wiener Helmut Herz, der auch als
Vater des österreichischen Vatertags gilt. Der einstige Werbe-
leiter der Hemdenfirma Gloriette lernte den Männertag während einer Geschäftsreise in Deutschland kennen. Dieser findet
zu Christi Himmelfahrt statt und ist eine eher feuchtfröhliche
Angelegenheit. Herz wollte die Familie in den Mittelpunkt rücken und gleichzeitig den stagnierenden Absatz von Hemden
und Krawatten ankurbeln. Zusammen mit der Wirtschaftskammer, der Presse und anderen Branchen startete er Anfang
1956 eine Initiative für den Vatertag, der ab nun immer am
zweiten Sonntag im Juni stattfinden sollte. Herz' Erklärung für
diesen Termin: „Ich dachte, da hätten die Frauen noch ein
schlechtes Gewissen, weil sie etwas zum Muttertag bekommen
haben." Kinder wurden aufgerufen, Bilder des Vaters oder seines
Berufs einzuschicken, und schon im ersten Jahr gab es 80.000
Einsendungen. Übrigens verdoppelte sich auch wie gewünscht
der Hemdenumsatz. Noch heute nimmt der österreichische
Handel zum Vatertag mehr als 100 Millionen Euro ein.

Welchen Frauen wird im Arkadenhof der
Universität Wien gedacht?

. . . .

Bis vor kurzem hätte man auf diese Frage kurz und bündig
antworten müssen: Marie von Ebner-Eschenbach (1830–1916).
Unter all den 154 Büsten und Inschriften war die engagierte
Schriftstellerin von Werken wie der Novelle „Krambambuli"
lange Zeit als einzige Frau im Innenhof der Universität Wien
vertreten. Im Jahr 1900 bekam sie noch zu Lebzeiten den ersten weiblichen Ehrendoktortitel verliehen. Dieser Umstand

führte dazu, dass 1925 im von Heinrich von Ferstel errichteten Arkadenhof eine Inschriftentafel mit ihrem Namen angebracht wurde, die lange Zeit die einzige Hommage an eine Frau in den Gängen der Universität Wien sein sollte. Bereits bei der Enthüllung der ersten, vom damaligen Star-Bildhauer Kaspar Clemens Eduard Zumbusch geschaffenen Büste für den Juristen Julius Glaser im Mai 1888 formulierte Rektor August Vogl: „Schon von dem früh verstorbenen Meister, der dies herrliche Haus gebaut, waren die Arcaden dazu bestimmt worden, die Denkmäler jener berühmten Männer aufzunehmen, welche als Lehrer und Forscher an der hiesigen Universität in hervorragender Weise gewirkt haben; die Arcaden sollen auf diese Weise eine Ruhmeshalle der Wissenschaft und ihrer Lehre werden."

Aber seit 2016 ist dies endlich anders. Im Zuge des 650-Jahr-Jubiläums der Universität Wien initiierte man im Jahr zuvor einen Wettbewerb, aus dem zwei Künstlerinnen und ein Künstler als Gewinner hervorgingen. Thomas Baumann, Catrin Bolt und Karin Frank wurden eingeladen, insgesamt sieben Wissenschaftlerinnen aus den unterschiedlichsten Bereichen ein Denkmal zu setzen:

ELISE RICHTER (1865–1943)
Romanistin, 1901 Abschluss des Studiums, 1905 Habilitation und 1921 als erste Frau zum „Außerordentlichen Professor" an der Universität Wien ernannt, lehrte und forschte an der Universität Wien von 1907 bis 1938, wurde im Ghetto Theresienstadt ermordet.

LISE MEITNER (1878–1968)
Kernphysikerin, lehrte und arbeitete an der Universität Wien von 1901 bis 1907, Forschungen über Radioaktivität und Atomkerne sowie Kernspaltung, arbeitete mit dem späteren Nobelpreisträger und Physiker Otto Hahn zusammen.

Charlotte Bühler (1893–1974)

Entwicklungspsychologin, lehrte und forschte an der Universität Wien von 1923 bis 1938 , arbeitete gemeinsam mit ihrem Mann Karl Bühler am neugegründeten Psychologischen Institut und an der Pädagogischen Akademie der Stadt Wien, bahnbrechend im Bereich der Kinder- und Jugendpsychologie.

Berta Karlik (1904–1990)

Physikerin, lehrte an der Universität Wien ab 1933, entdeckte im Laufe ihrer Forschung drei Isotope des Elements 85 und schloss damit das Periodensystem, wurde 1973 als erste Frau zum vollwertigen Mitglied der Österreichischen Akademie der Wissenschaften gewählt.

Olga Taussky-Todd (1906–1995)

Mathematikerin, studierte an der Universität Wien von 1925 bis 1930, war Wegbereiterin der (numerischen) Matrizentheorie in Algebra.

Marie Jahoda (1907–2001)

Sozialwissenschaftlerin, studierte an der Universität Wien von 1926 bis 1932, promovierte im Alter von 25 Jahren, große Verdienste im Bereich der empirischen Sozialforschung, bekannteste Studie „Die Arbeitslosen vom Marienthal" gemeinsam mit ihrem Mann Paul Lazarsfeld.

Grete Mostny-Glaser (1914–1991)

Archäologin, studierte an der Universität Wien von 1933 bis 1937, emigrierte nach Chile, wo sie hohes internationales Ansehen mit der Umorientierung der Archäologie Chiles und ihrem Einsatz für die Kultur indigener Völker erwarb.

Bis auf Berta Karlik waren all diese Frauen Opfer des nationalsozialistischen Regimes, sodass mit den Denkmälern symbolisch auch einigen der 2.700 vorwiegend jüdischen Lehrenden und Studierenden, die 1938 aus Wien vertrieben worden waren, gedacht wird.

Gibt es in Wien einen Atomreaktor?

. . . .

Die meisten werden diese Frage verneinen, ist doch allgemein bekannt, dass bei der Volksabstimmung im Jahr 1978 gegen die Inbetriebnahme des bereits fertiggestellten Kernkraftwerks Zwentendorf in Niederösterreich votiert wurde und mit dem Atomsperrgesetz die Nutzung von Kernenergie in Österreich verboten wurde – und somit wohl auch in Wien. Dennoch gibt es in der Bundeshauptstadt einen aktiven Atomreaktor. Für Forschungszwecke wurde bereits im Jahr 1962 im Prater, genauer gesagt in der Stadionallee 2, ein Kernspaltungsreaktor in Betrieb genommen. Heute ist das Atominstitut Teil der Fakultät für Physik der Technischen Universität Wien und kann bei Führungen auch besichtigt werden. Im Zentrum steht der neun Meter hohe und sechs Meter breite TRIGA Mark II Reaktor, der unter anderem zur Ausbildung von Fachinspektoren der Internationalen Atomenergiebehörde (IAEA) der Vereinten Nationen genutzt wird. Darüber hinaus liegt der Fokus heute auf der Forschung im Bereich der Strahlen-, Neutronen- und Quantenphysik, angewandten Quantenphysik, Quantenoptik sowie der Tieftemperaturphysik und Supraleitung. Ich hoffe, liebe Leserin, lieber Leserin, Sie sind nun im Bilde!

Was ist Kugelmugel?

. . . .

Im Prater, zwischen Riesenrad und Hauptallee, befindet sich ein originelles Gebäude, das die Form einer Kugel aufweist – das „Staatsgebiet" der ungewöhnlichen Republik Kugelmugel. Sie liegt auf dem selbst ernannten Antifaschismusplatz – die Bezeichnung findet sich in keinem offiziellen Wiener Straßenverzeichnis. Das Areal ist von einem Zaun mit Stacheldraht umgeben, auf dem ein martialisches Schild mit dem Wort

„Grenzübergang" prangt. Gegründet wurde die Republik Kugelmugel im Jahre 1976 von dem Vorarlberger Künstler Edwin Lipburger, der die Kugel als ideale Form für den Wohnbau ansah. Der ursprüngliche Standort des Holzballs mit circa acht Metern Durchmesser lag in der niederösterreichischen Gemeinde Katzelsdorf, tat dies dort jedoch ohne Baubewilligung und musste daher aufgegeben werden. Im Jahr 1982 bot Helmut Zilk, damals noch  Wiener Kulturstadtrat, den Prater als „Asyl" für das Kunstprojekt an, das sich in der Folge zu einem politischen Manifest mit Protestcharakter entwickelte. Da die versprochenen Gas-, Strom- und Wasseranschlüsse nicht genehmigt wurden, kam es zu einem erbitterten Rechtsstreit zwischen Lipburger und der Stadt Wien, der bis zu seinem Tod im Jänner 2015 reichte. Heute ist sein Sohn Nikolaus „Präsident" der nicht anerkannten Mikronation Kugelmugel, zu der immerhin über 600 Staatsbürger aus aller Welt zählen. In einem Interview mit dem Falter meinte er kürzlich: „Es war eine Utopie, die mein Vater hier verwirklichen wollte: eine bewohnbare Holzkugel als Zeichen von Autonomie, Antibürokratie, Freiheit – und die ihn dann sogar ins Gefängnis brachte." Er möchte aus Kugelmugel einen Ort machen, wo sich junge Künstler frei entfalten und ihre Werke zeigen können.

Was ist ein Schlamassel?

Der Duden gibt folgende Definition: „schwierige, verfahrene Situation, in die jemand aufgrund eines ärgerlichen Missgeschicks gerät". Der Ausdruck stammt vom Jiddischen *schlimmasl* in der Bedeutung von Unglück oder Pechvogel, und setzt sich aus dem deutschen Wort „schlimm" und dem *masel* zusammen, der jiddischen Bezeichnung für das Glück. Mit dem allseits bekannten *masel tov* wünscht man sich viel Glück. Dieses Wort ist ein wunderbares Beispiel für den großen Einfluss des Jiddischen auf das Wienerische. Durch die verstärkte Zuwanderung von Juden aus den östlichen Teilen der Monarchie wie vor allem Galizien und der Bukowina wurden auch viele Lehnwörter aus dem Jiddischen und Hebräischen ins Deutsche übernommen. Den meisten Wienern ist deren Ursprung nicht einmal bewusst, wenn sie mit ihren *Haberern* ins *Beisl* zum *Tschechern* und *Zocken* gehen, dort so einen *Bahöö* machen, dass alle in den *Knast* kommen, sich nur noch über den *meschuggenen Stuss* ärgern können und *Ezzes* von der *Mischpoche* dringend notwendig wären. Ein richtiger Schlamassel eben!

Woher kommt der Ausdruck „Sandler"?

Was für Paris die Clochards, sind in Wien die Sandler – Obdachlose, die trotz des in Österreich noch herrschenden Sozialstaats durch das Netz geschlüpft und auf der Straße gelandet sind.

Eine Erklärung für den Ursprung des nur in Österreich gebräuchlichen Wortes hat mit der Ziegelproduktion zu tun. Als Wien sich in der zweiten Hälfte des 19. Jahrhunderts im Zuge der Errichtung der Ringstraße in eine Großbaustelle verwandelte, profitierten wohl am meisten die Ziegelhersteller. Mit mehr als 3.000 Mitarbeitern, aufgrund ihrer Abstammung meist Ziegelböhm genannt, gehörte Heinrich Drasche die größte Fabrik Europas, sie ist Vorgänger der Firma Wienerberger. Aber noch heute sind Drasche-Ziegel mit den typischen eingeprägten Initialen und dem Doppeladler als Markenzeichen im Stadtbild zu entdecken. Auf der untersten Stufe der Hierarchie in der Ziegelproduktion stand der sogenannte Sandler. Er staubte die Holzmodeln mit Sand ein, bevor der Lehm hineingefüllt wurde. Erst dann kam die Form zum Brennen in den heißen Ziegelofen, ein Prozess ähnlich dem des Backens eines Guglhupfs. Von dieser einfachen, aber gesundheitsschädigenden Arbeit, die jeder Dahergelaufene verrichten konnte, soll sich der Begriff Sandler ableiten. Die schlechten Arbeitsbedingungen in der Fabrik führten übrigens zur Gründung der Sozialdemokratischen Partei und starteten den Kampf für soziale Rechte.

Eine andere Erklärung für das Wort sieht Zusammenhänge mit dem Hebräischen. Im Hebräischen bezeichnet ein *Zandik* einen Tagedieb und damit im übertragenen Sinn einen arbeitsscheuen Vagabunden.

Der Duden führt noch eine ganz andere Herkunft an: Das mittelhochdeutsche Wort *sein(d)e* in der Bedeutung von „langsam" oder „träge" soll der Namensgeber sein. Die hier erstgenannten Erklärung erscheint am plausibelsten.

Einige Sandler, die sich vor allem rund um das Schottentor aufhalten, haben in jüngerer Zeit sogar Geschichte geschrieben: Während der österreichweiten Proteste gegen die Beschränkung des Hochschulzuganges im Herbstsemester 2009/2010 solidarisierten sie sich mit den Studenten und besetzten mit ihnen zusammen das Auditorium Maximum – kurz Audi Max –, den größten Hörsaal der Universität Wien. Obwohl die Aktion nicht den erwünschten Erfolg brachte, entstand auf beiderseitigen Wunsch eine wunderbare Zusammenarbeit. Die von Cecily Corti geleitete „Vinzenzgemeinschaft

St. Stephan", die Notdürftigen an mehreren Stellen in Wien unter dem Namen „Vinzi Rast" eine Schlafstätte bietet, hat in der Währinger Straße 19 mit privaten Spenden ein Haus erworben. Das im Erdgeschoss befindliche Lokal „Mittendrin" bietet aus der Bahn geworfenen Menschen einen Job, während darüber Studenten und ehemalige Obdachlose harmonisch in Wohngemeinschaften leben. Respekt und Vorurteilsfreiheit sind die Basis für den Erfolg dieses beispielhaften Projekts.

Woher stammt der Ausdruck „armer Schlucker"?

Philipp Schlucker (1748–1820) war ein Baumeister aus Alland, der nach einer öffentlichen Ausschreibung den Zuschlag erhielt, die rund 22 Kilometer lange Mauer um den Lainzer Tiergarten im Wienerwald zu bauen. Er setzte sich mit dem unschlagbaren Preis von 2 Gulden pro Klafter (circa 1,9 Meter) gegen seine Mitbewerber durch, sein Angebot war rund um ein Sechstel günstiger als die anderen. Die Wiener Bevölkerung befürchtete, dass er sich damit in den Ruin treiben würde. Der Ausdruck vom „armen Schlucker" war geboren. Der Bankrott des Philipp Schlucker blieb jedoch eine Legende. Tatsächlich gelang ihm der Mauerbau innerhalb der veranschlagten fünf Jahre sowie mit dem vorgesehenen Budget. Kaiser Josef II. verlieh ihm den Titel „Waldamtsbaumeister" und soll ihm sogar pro Klafter 30 Kreuzer mehr gegeben haben. Auch heute kann man noch Teile der originalen Mauer sehen, zum Beispiel beim so genannten Pulverstampftor in Hütteldorf.

Gibt es in Wien die Möglichkeit, legal zu sprayen?

· · · · · · · · · · · ·

Im Jahr 2004 hat die Stadt Wien das Projekt „Wienerwand" ins Leben gerufen, das illegales Sprayen und damit Sachbeschädigung verhindern und gleichzeitig die Wertschätzung für die Jugendkultur und deren Street Art zeigen soll. Auf eigens ausgesuchten Wänden dürfen Grafitti-Künstler ihre Werke ganz legal malen. Die gut erreichbaren Flächen sind durch ein eigenes Emblem, eine weiße Taube, das Stadtwappen von Wien und den Schriftzug „Wienerwand", gekennzeichnet. Das Symbol ist übrigens ein Entwurf von Grafitti Sprayern, die von Anfang an in das Projekt eingebunden waren. Besonders viele moderne Kunstwerke kann man im Bereich rund um den Donaukanal bewundern, dessen Wände jede Woche in anderen Farben leuchten. Außerdem findet man offizielle Sprayflächen unter anderem im Esterhazypark (6. Bezirk), im Arne Carlsson Park (9. Bezirk) und am Spielplatz Yppenplatz (16. Bezirk).

Was ist der Space Invader?

· · · · · · · · · · · ·

Lange bevor das Smartphone-Spiel „Pokemon Go" Menschen in Scharen auf der Suche nach kleinen Figuren in einer halb virtuellen, halb realen Welt durch die Gegend hetzte, hatte jemand anderer eine ähnliche Idee – allerdings in Wirklichkeit. Invader, der 1969 geborener Street Art Künstler, bringt weltweit kleine, auf Trägermaterial angebrachte Mosaikfiguren, die so genannten Space Invaders, im öffentlichen Raum an.

„Space Invaders" ist eigentlich ein Computerspiel, das 1978 in Japan programmiert und von der Firma Taito vertrieben wurde. Die kleinen, aus winzigen Quadraten zusammengesetzten

Figuren lösten im allgemeinen „Star Wars"-Fieber einen weltweiten Boom aus und gelten zusammen mit dem ebenfalls sehr erfolgreichen „Pac Man" als Meilenstein in der Entwicklung der Videospiele. Die Spielregel ist einfach: Für jeden abgeschossenen Weltraumeroberer erhält man Punkte. So ist es auch mit dem Projekt des französischen Künstlers: Wenn man eine seine Installationen entdeckt, kann man ein Foto schießen und erhält dann einen Score. Mittlerweile kann man sich dafür natürlich auch eine App („Flash Invaders") herunterladen.

Begonnen hat die Invasion der Marsmännchen 1998 in Invaders Heimatstadt Paris, mittlerweile ist die ganze Welt damit übersät, es gibt ca. 3.300 von ihnen in mehr als 60 Städten, verstreut auf allen Kontinenten. 2015 schafften sie es sogar bis in den Weltraum: Ein Pixel-Grafitti findet sich auf der International Space Station (ISS)!

In Wien gibt es laut Website 56 Invaders, etwa im ersten Bezirk an den Hausecken in der Anna- und der Spiegelgasse, des weiteren auf einer Laterne bei der Kaiserwiese vor dem Riesenrad und auf einem Gürtelbogen beim Lerchenfelder Gürtel.

Der sich selbst als UFA (Unidentified Free Artist) bezeichnende Invader – tatsächlich sind sein Gesicht und Name nicht bekannt – folgt Trends und neuen technischen Entwicklungen. So verwendet er für seine Komposita von Fall zu Fall QR Codes, die man mittels Smartphone entschlüsseln kann. Auch zu den Locations passende Motive schuf er *en masse*, wie etwa die verpixelte Mona Lisa in der Rue de Louvre in Paris oder einen Elefanten in der afrikanischen Savanne.

Als mittlerweile international anerkannter Künstler, dessen Werke auch Eingang in Museen und Galerien gefunden haben, erhält Invader nun auch offizielle Aufträge von Städten und Institutionen. In Wien überquert man seit 2008 beim auf der Breiten Gasse gelegenen Hintereingang zum Museumsquartier die „Invaded Bridge". Den wenigsten fällt beim Gehen durch die gekachelte Passage ein Kunstwerk auf. Wenn man allerdings genau hinsieht, verwandeln sich die Fliesen in übergroße, fast bedrohliche Space Invaders. Aber keine Angst, sie tun nichts.

Was bedeuten die geheimnisvollen kyrillischen Zeichen an manchen Gebäuden der Innenstadt?

....

Die Rote Armee setzte im April 1945 als erste der alliierten Mächte ihren Fuß auf Wiener Boden, um die Stadt in einem verlustreichen Straßenkampf endgültig vom Naziterror zu befreien. Danach durchsuchten die Sowjetsoldaten öffentliche Gebäude nach SS-Angehörigen und Minen. Bei den überprüften Häusern wurde außen eine Art Stempel mit den russischen Worten „квартал проверен" („Viertel überprüft") angebracht. Diese Zeitdokumente brachten in letzter Zeit einige Gebäuderenovierungen wieder ans Tageslicht. Man kann sie am Stephansdom (an der rechten Ecke der Westfassade), am Palais Pallavicini (Josefsplatz 5) und am Kärntnerring/Ecke Akademiestraße entdecken.

Welchem Diktator wird in Wien gedacht?

....

Es ist mehr als abnorm und europaweit wohl einzigartig, dass in Wien einem der größten Massenmörder des 20. Jahrhunderts offiziell gedacht wird: Am Haus der Schönbrunner Schloßstraße 30 ist eine Marmortafel mit dem Porträtrelief Stalins angebracht, die am 21. Dezember 1949 anlässlich des Geburtstages des Diktators enthüllt wurde.

Anfang 1913 hatte Josef W. Stalin (1878–1953) an dieser Adresse, an der sich heute eine Pension befindet, als Gast des russischen Emigrantenehepaars Alexander Antonowitsch und Jelena R. Trojanowskij mehrere Wochen verbracht, um auf Anraten Lenins die Herausforderungen eines Vielvölkerstaats zu untersuchen. Im Zuge dessen entstand hier die Schrift „Marxismus und nationale Frage". Das Denkmal wurde mitten in der Besatzungszeit von Bürgermeister Theodor Körner enthüllt und seitdem von der Stadt Wien in Obhut genommen. Aufforderungen zur Beseitigung der Tafel, die auch aus der ehemaligen Sowjetunion kamen, wurden mit dem Hinweis auf Artikel 19 des Staatsvertrags abgewiesen. Dieser sieht vor, dass die Republik Österreich für die Bewahrung und Instandhaltung der sowjetischen Denkmäler im Land verantwortlich ist. Seit 2012 befindet sich auf dem Haus nun eine Zusatztafel der Stadt Wien, die an die Millionen Opfer des Stalinismus erinnert.

Wo befindet sich der kälteste Ort in der Wiener Innenstadt?

. . . .

Seitlich der Peterskirche befindet sich noch heute ein Platz, an den man sich an heißen Tagen ob seiner Kühle retten kann. Kein Sonnenstrahl erreicht je die rechte Ecke des Petersplatzes, wo in den Fünfzigerjahren die österreichische Jazzlegende Fatty George „Fatty's Saloon" eröffnete und heute noch ein kleines Theater der freien Szene zu finden ist.

Seit dem Mittelalter waren in dieser Gegend die so genannten Eisner zu Hause. In den tiefen Kellern lagerten sie in den warmen Monaten Eisblöcke, die im Winter aus der zugefrorenen Donau geschnitten worden waren. Das Eis wurde in erster Linie zum Kühlen von Lebensmitteln verwendet – im dafür im Wiener Sprachgebrauch immer noch üblichen Eiskasten, dem Vorgänger des heutigen Kühlschranks. Es gab aber auch schon früh Eisverkäufer, die das Wassereis mit Fruchtsäften, Honig und anderen Aromen verfeinerten und als Sorbets teuer an das vornehme Publikum verkauften. Auch bei Hof war Gefrorenes seit dem 18. Jahrhundert überaus beliebt und fixer Bestandteil jedes Diners. Kaiserin Sisi liebte etwa Veilchensorbet und wollte auch auf ihren ausgedehnten Reisen nicht darauf verzichten.

Der Häuserblock rund um die Eiskeller am Petersplatz wurde 1896 abgerissen, damit verschwand ein Stück Alt-Wien. Heute steht an der Stelle zwischen Goldschmied- und Freisingergasse noch ein einziger großer Bau der Gründerzeit. Bei genauem Hinsehen kann man darauf mehrmals die Inschrift „Zum Eisgrübl" entdecken.

Was ist eine Pawlatsche?

Deutschen Gästen kann es schon einmal passieren, dass sie die Pawlatsche für eine Wiener Süßspeise halten, aber weit gefehlt. Der kleine Zungenbrecher kommt – wie so viele Wiener Ausdrücke – aus dem Tschechischen: *pavlac* bedeutet „offener Hauseingang" und bezeichnet einen dem Hof zugewandten Laubengang. Ähnlich wie bei einem Motel führt dieser zu den einzelnen Wohnungen oder Zimmern. Diese meist aus einfachen Holzbrettern angefügten, offenen Zugänge sparten Geld und Platz, denn so konnte man auf einen Flur im Inneren des Hauses verzichten. Gleichzeitig spenden Pawlatschen Schatten und schützen die Fassade vor Regen und Schnee. Man findet sie in so manchem

Wiener Innenhof, mitunter reich bepflanzt, sodass man manche auf den ersten Blick für einen Balkon halten könnte. Von Zeit zu Zeit wurden die Pawlatschen auch verschlossen, sodass sie heute an Loggien erinnern. Ursprünglich ein Mittel, um beim Bau Geld zu sparen, verwandelte sich dieses in ein typisches Wiener Architekturmerkmal, das auch bei so manchem Palais schmuckhafte Verwendung fand (zum Beispiel im Palais Neupauer-Breuner in der Singerstraße 16).

Nach dem verheerendem Feuer im Ringtheater im Jahr 1881, bei dem mehr als 300 Menschen ums Leben kamen, verbot ein verschärftes Brandschutzgesetz bei Neubauten die für das 19. Jahrhundert so charakteristischen Pawlatschen wegen der unzureichenden Fluchtmöglichkeit.

Zum Glück sind manche Exemplare erhalten geblieben, wie etwa im Blutgassenviertel im ersten Bezirk, aber auch in vielen alten Vorstadthäusern, beispielsweise am Spittelberg.

Auch die Pawlatschenbühne, ein einfaches, aus Brettern zusammen gezimmertes Podium, auf dem ursprünglich das Publikum mit Stegreiftheater im Freien unterhalten wurde, hat sich im Sprachgebraucht der Wiener erhalten.

Woher kommt der Wiener Grant?

„Die Kennworte des Wieners:
Wie komm denn i dazu?
Es zahlt sich ja net aus!
Tun S' Ihnen nix an!"
Arthur Schnitzler (1862–1931)

Das Granteln des Wieners ist fast sprichwörtlich und weit mehr als ein Klischee. Ob im Kaffeehaus, „am Amt" oder einfach nur in der Straßenbahn – man kann es zu jeder Tages-

und Nachtzeit erleben. Über die Gründe des Wiener Grants könnte man wohl ganze Bücher schreiben, zu dessen Ursprung gibt es aber auch eine kurze, unterhaltsame Geschichte. In der ersten Hälfte des 16. Jahrhunderts sandte Kaiser Karl V. seinen in Spanien geborenen Bruder Ferdinand nach Wien, um nach der Erbteilung im Jahr 1521 die österreichische Reichshälfte zu regieren. Mit im Gepäck hatte der streng katholisch erzogene Habsburger einige spanische Aristokraten, Granden genannt. Mit ihrer schwarzen Kleidung (mit Krägen, die an Mühlsteine erinnerten,) und ihren finsteren Blicken wirkten sie durchaus furchteinflößend auf die Wiener Bevölkerung. So richtig ungemütlich wurde es schließlich, als die bigotten Granden beschlossen, dem zügellosen Leben in Wien ein Ende zu setzen. Das Fehlen jeglicher Moral machte man für alle Missstände und Katastrophen jener Zeit – wie etwa die Türkengefahr und die Pest – verantwortlich. Mittels Verordnungen wurden die Prostitution und das Glücksspiel verboten, aber auch allerlei lustige Volksfeste wie das Scharlachrennen (ein Wettlauf um ein scharlachrotes Tuch) und die Sonnwendfeiern sollten nicht mehr stattfinden. Eine strenge Keuschheitskommission wachte über die Sitten der Bevölkerung. So machten die Granden die Wiener natürlich wütend – also grantig. So leitet sich der Ausdruck von den Spaßverderbern aus Spanien ab. Soweit die Anekdote.

Etymologisch geht das Wort, das tatsächlich erst seit dem 16. Jahrhundert belegt ist, auf das deutsche Verb „grennen" zurück, was so viel wie „weinen" bedeutet. Hinzu kamen dann die Bedeutungen „zänkisch, mürrisch, übellaunig" – also all das, was die Wiener oft sind, auch wenn eigentlich eh alles bestens ist. Wie meinte schon Helmut Qualtinger: „Die anzige Art von Zufriedenheit, die's in Wien gibt, is der Tod."

Welcher Ur-Wiener
wurde als Johann Julier geboren?

. . . .

Es ist kaum zu glauben, aber diesen französisch klingenden Geburtsnamen hat ein ganz Großer der österreichischen Bühnen- und Filmgeschichte eingetauscht – und zwar gegen „Hans Moser". Am 6. August 1880 auf der Rechten Wienzeile 93 in Wien-Margareten als Sohn eines Ungars mit französischen Wurzeln auf die Welt gekommen, entschloss sich der nur 1,58 Meter große Siebzehnjährige, den Nachnamen des Hofschauspielers Josef Moser anzunehmen. Der ferne Verwandte unterrichtete den Theaterbesessenen und ermunterte ihn zu einer Bühnenkarriere, die zunächst in der Provinz ihren mühevollen Anfang nahm. Der ungewöhnliche Namenswechsel hatte zwei Gründe: Er war einerseits eine Hommage an den Privatlehrer und Förderer, aber gleichzeitig wollte Johann, dass „sich der Herr Papa nicht schämen muss, wenn er meinen Namen auf den Theaterzetteln immer ganz unten sieht". Leider war es dem Vater nicht vergönnt, die großen Erfolge seines Sohnes erleben zu dürfen, da er bereits 1898 verstarb. Hans Mosers Durchbruch erfolgte erst Anfang der Zwanzigerjahre im Alter von über vierzig Jahren auf der Kabarettbühne „Max & Moritz" in der Annagasse 3. In dem ehemaligen Boulevardtheater im Souterrain befindet sich heute ein Sportschuhgeschäft, die ehemalige Theaterarchitektur ist jedoch noch gut zu erkennen. Der von

ihm selbst verfasste, legendäre Sketch „Der Dienstmann"– öfters auf Leinwand gebannt und von Franz Antel 1952 in einen Spielfilm verwandelt – war die Geburtsstunde von Hans Mosers Karriere als Komiker und wohl seine Lebensrolle. Von da an spielte er sich mit seiner unvergleichlichen Art in die Herzen des Theaterpublikums und wurde später über den

Stummfilm und schließlich auch Tonfilm zum absoluten Kino-Liebling. Seine berührend komischen und raunzigen Darstellungen des kleinen Mannes in Kombination mit seinem unvergesslichen Nuscheln gelten für viele im deutschsprachigen Raum bis heute als Synonym für das Ur-Wienerische.

Was war der Lehmann?

Wenn heute der Name Lehmann fällt, denkt man vielleicht an den 1969 geborenen Jens Lehmann, den ehemaligen Torwart der deutschen Nationalmannschaft, der allerdings nie für einen Wiener Verein spielte. Dem älteren Wiener Opernpublikum unvergesslich ist die deutsch-amerikanische Lotte Lehmann (1888–1976), die an der Staatsoper als Wagner- und Strauss-Sängerin wahre Triumphe feierte. Theaterliebhaber denken wiederum an den Wiener Schauspieler Fritz Lehmann (1915–1999), der unter anderem in den Rollen jugendlicher Liebhaber am Burgtheater Karriere machte. Mit Wehmut werden sich manche auch noch an die noble Café-Konditorei Lehmann auf dem Graben erinnern, die 2008 aufgrund der als „Fünfzehntelanhebung" bekannten Mieterhöhung für immer ihre Pforten schließen musste.

Hier geht es aber um ein Nachschlagwerk, das früher in jeder guten Hausbibliothek und jedem Kaffeehaus zu finden war, eben den „Lehmann". Benannt nach dem Journalisten und Herausgeber Adolph Lehmann (1828–1904) war das jährlich erscheinende Buch fast ein Jahrhundert lang das Adressverzeichnis Wiens. Aber es war noch viel mehr als der Vorgänger des nun auch schon bald ausgestorbenen Telefonbuchs. „Ein Blick und man findet alles!", lautete ein Reklamespruch von 1930: „Wer ist in meinem Bezirk Gemeinderat oder Bezirksrat? In welche Unterrichtsanstalt schicke ich mein Kind?

Wie heißt mein Schuldner mit Taufnamen? Ist Herr X Regierungsrat oder Hofrat? Wo wohnt das entzückende Fräulein Y?" Das sind nur ein paar ausgewählte Fragen, deren Antworten man im Lehmann finden konnte. Auch Übersichtskarten, Theaterprogramme, Filmkritiken und eine Menge Werbeanzeigen beinhaltete das Verzeichnis. Das Neue Wiener Tagblatt schrieb am 7. April 1939 über den Lehmann: „Wenn man ihn aus der Hand legt, ist man sich darüber klar, daß man eine halbe Stunde lang ganz Wien in der Hand gehalten hat."

Die Wienbibliothek im Rathaus hat alle Lehmann-Bände von 1859 bis 1942 mit ihren 200.000 Seiten online gestellt, sodass Interessierte die alten Adressen samt genauer Berufsangaben und Titel ihrer Familienangehörigen nachforschen können. Allerdings ist der „Wohnungsanzeiger" alles andere als vollständig, denn „Gewerbegehülfen, Tagelöhner und Dienstboten" waren nicht vertreten. Dennoch lohnt sich der Blick in das Werk, das den faszinierenden Spiegel einer Zeit bietet, in der es noch kein Internet gab.

Welche Luft atmet man im Wiener Burgtheater?

Natürlich atmet man im Burgtheater Wiener Luft, aber eine ganz besondere: Karl von Hasenauer, der gemeinsam mit Gottfried Semper, dem Grand Seigneur der deutschen Architektur, das Burgtheater entworfen hatte, musste bei der Eröffnung des neuen k. k. Hofburgtheater im Jahr 1888 am Ring viel Kritik einstecken. So spotteten die Wiener: „Das Parlament hat Säle, in denen man nichts hört, das Rathaus hat Räume, in denen man nichts sieht, und das Burgtheater ist ein Theater, in dem man weder sieht noch hört." Hauptgrund dafür war der in Form einer Lyra gestaltete Zuschauerraum, dessen Krümmung vor al-

lem von den Logenplätzen keine ausreichende Sicht auf die
Bühne bot. 1897 erfolgte ein gröberer Innenumbau, der nach
den Bombenschäden im Zweiten Weltkrieg nochmals rundum
erneuert wurde. Der einstmalige Lyra-Grundriss spiegelte sich
übrigens in der Dekoration am Plafond und kann, da diese erhalten blieb, heute noch nachempfunden werden. Beibehalten
wurde allerdings das Prinzip der Belüftung des Hauses, die zur
Zeit der Entstehung einer architektonischen Sensation gleich-
kam. Der „k. u. k. Hofschlosser und Eisenconstructeur" Ignaz
Gridl – seine Firma errichtete auch das Palmenhaus in Schönbrunn – baute eine riesige Luftschleuse, die mit dem mehr oder
weniger angrenzenden Volksgarten verbunden ist. Parallel zu
diesem Belüftungstunnel ließ sich Kaiser Franz Joseph übrigens
auch einen Geheimgang bauen, über den er mit einer von einem
Pony gezogenen Kutsche direkt in die Hofburg fahren konnte.
So konnte er sich völlig unbemerkt aus dem Staub machen.

Aber zurück zum alles andere als staubigen Belüftungssystem: Über eine Ansaughütte, die auch liebevoll „Schwammerl"
genannt wird, strömt frische Luft aus dem duftenden Rosen-
garten, wird gefiltert und temperiert und versorgt den Zuschauerraum, der mit 1.175 Sitzplätzen einer der größten Europas ist, mit Sauerstoff.

Die verbrauchte Luft entweicht durch das Messinggitter rund um den Kristallluster an der Decke. Der nötige Sog dafür kommt vom so genannten Blasengel, einer grünen Metallfigur auf dem Dach des Burgtheaters, die in ein Schneckenhorn bläst und auch als Wetterfahne fungiert. Wenn am Theater allerdings hin und wieder dicke Luft herrscht, hilft auch dieses patentierte Belüftungssystem nicht ...

Was war der Wiener Vorläufer von Facebook & Co?

....

Facebook und andere Social Media Kanäle sind heute virtuelle Orte, an denen die Gerüchteküche heftig brodelt und sich Neuigkeiten wie ein Lauffeuer regional und weltweit in kürzester Zeit verbreiten. Aber wie stand es mit den Gerüchten in früheren Zeiten?

Ende des 19. Jahrhunderts gab es in den Gängen von Zinshäusern jeweils einen Wandbrunnen – die sogenannte Bassena. Der Name leitet sich von dem französischen Wort *bassin* für Becken ab. Heute ein auf Flohmärkten oft gesuchter Ziergegenstand, war die Bassena einst Symbol für den Fortschritt. Durch sie wurde man im Haus direkt mit Wasser versorgt und konnte sich den mühevollen Weg zum öffentlichen Brunnen am nächsten Platz ersparen. Das Schleppen der schweren Wasserbehälter in die oberen Stockwerke wurde einem allerdings nicht abgenommen. Noch heute gibt es in alten Häusern aufklappbare metallische Vorrichtungen an den Wänden, auf denen frau – meist musste diese harte körperliche Arbeit das „zarte Geschlecht" verrichten – die schweren Kübel abstellen und kurz Atem schöpfen konnte.

Eine Bassena nutzten die Menschen ebenso für eine willkommene Pause, und so war sie auch ein Ort der Kommunikation wie seinerzeit der Dorfbrunnen. Es ist auch nicht verwunderlich, dass hier eifrig Nachrichten, Informationen und Gerüchte ausgetauscht wurden. Der Bassena-Tratsch ist heute noch geläufig, auch wenn er einen leicht negativen Beigeschmack hat und nicht mehr an die Örtlichkeit einer Bassena gebunden ist. Kein Wunder, denn so manches falsch gestreute Gerücht führte zu einem Streit, der zuletzt vor dem Richter ausgetragen werden musste. Die sogenannten Bassena-Prozesse verwandelten Gerichte in Theatersäle und erfreuten sich großer Beliebtheit bei dem Publikum – das erinnert ein wenig an die aktuelle ORF-Sendung „Am Schauplatz Gericht", wo es meist um Streitereien zwischen Nachbarn geht.

Um die Gesprächskultur wieder zu fördern, wurden in den letzten Jahren auch bewusst wieder Kommunikationsstellen in besonders großen Wohnanlagen eingeführt, die sich des alten Namens bedienen: In der Per Albin Hansson-Siedlung mit seinen über 14.000 Menschen ist die Bassena 10 ein allgemein zugänglicher Ort der Begegnung und des Austauschs, in der kommunalen Wohnhausanlage Am Schöpfwerk ist die Bassena ein Stadtteilzentrum, das für den nachbarschaftlichen Dialog sorgt, und hinter der Bassena Stuwerviertel steht ein Verein der Bewohner, der vor allem Kindern und Jugendlichen ein buntes Freizeitprogramm bietet.

Wo befinden sich die schönsten öffentlichen Toiletten Wiens?

. . . .

„Die Wiener Toiletten sind insgesamt ein Skandal, selbst auf dem unteren Balkan finden Sie nicht eine einzige solche verwahrloste Toilette. Wien ist ein einziger Toilettenskandal, selbst in den berühmtesten Hotels der Stadt befinden sich skandalöse Toiletten, die scheußlichsten Aborte finden Sie in Wien, so scheußlich wie in keiner anderen Stadt, wenn Sie Wasser ablassen müssen, erleben Sie Ihr Wunder. Wien ist ganz oberflächlich wegen seiner Oper berühmt, aber tatsächlich gefürchtet und verabscheut wegen seiner skandalösen Toiletten."

Zum Glück trifft dieses Zitat aus Thomas Bernhards Roman „Alte Meister" (1985) heute nicht mehr ganz zu. Wien hat in der Tat ein paar außergewöhnliche öffentliche Toiletten zu bieten, die es auch in den einen oder anderen Reiseführer geschafft haben. Da wären einmal die Toilettenanlagen des Berliners Johann Gottlieb Wilhelm Beetz, von denen noch einige das Wiener Stadtbild zieren und dessen Firma heute noch im dritten Bezirk existiert. Die Gemeinde Wien genehmigte 1883 die erste „Bedürfnisanstalt für Menschen beiderlei Geschlechts", die auf der Landstraßer Hauptstraße errichtet wurde und anfangs noch aus Holz erbaut war. Später entwickelte Beetz unter Einfluss des Jugendstils eines der ersten „Fertigteilhäuschen", die in der eigenen Baufirma in Serie gingen. Es waren weiße, recht- oder achteckige, aus Metallwänden bestehende Pavillons, die mit Beetz' neuer Erfindung ausgestattet waren: Urinol, einem Ölgemisch, das unter anderem grobe Geruchsbelästigung und das Einfrieren der Wasserspülungen im Winter verhinderte.

Einst gab es über ganz Wien verteilt über 200 Beetzsche Toilettenanlagen und Pissoirs. Heute findet man zum Glück noch einige dieser Architekturjuwele, etwa am Parkring, im Schönbrunner Schlosspark und am Rande des Wertheimsteinparks.

Beetz baute auch die eleganteste Toilette Wiens: 1905 eröffnete am Graben die erste unterirdische Bedürfnisanstalt der Welt. Dunkle Edelhölzer, geschliffenes Glas, Marmor und goldfarbene Messingverzierungen machen einen Besuch an diesem stillen Örtchen für Jugendstil-Fans zum Muss, auch ohne einschlägiges Bedürfnis. Jede Kabine ist mit einem eigenen Waschbecken und Spiegel versehen. Nicht ganz so elegant, aber mit besonderem Flair ausgestattet sind die öffentlichen Toiletten am Naschmarkt unmittelbar beim Gasthaus „Zur Eisernen Zeit". Auch hier sperrt die sogenannte Klofrau den Kunden in eine Holzkabine, die mit ihrer Schiebetür fast an ein Bahnabteil erinnert.

In jüngerer Zeit entstanden ebenfalls einige sehenswerte Sanitäranlagen – oder sanitäre Sehenswürdigkeiten –, so zum Beispiel die von Friedensreich Hundertwasser gestaltete Toilettenanlage im mit Souvenirgeschäften gefüllten Art Village gegenüber dem berühmten Hundertwasser-Krawina-Haus im dritten Bezirk. In dem für den Künstler typischen Stil präsentiert sich die „Toilet of Modern Art" mit bunten Mosaikkacheln, unebenen Böden und gesprungenen Spiegeln. Hundertwasser selbst hätte wohl eine von ihm propagierte Humustoilette bevorzugt, ganz im Sinne seines Manifests „Die heilige Scheiße" (1979), wo es etwa heißt: „Scheiße aber ist der Baustein unserer Wiederauferstehung." Diese Idee wurde jedoch von der Stadt Wien nicht aufgegriffen, zum Glück.

In der Opernpassage unterhalb der Kreuzung Kärntnerstraße/Opernring gibt es – wie könnte es anders sein – eine Opera Toilet. Den Klogang untermalt hier klassische Musik. 2006 geriet die privat betriebene Anlage in die Schlagzeilen, weil auf der Männertoilette als offene Frauenmünder gestaltete Pissoirs zur Verfügung standen. Die Proteste zeigten Wirkung, die von einem Künstler gestalteten Urinale wurden abmontiert und, frisch gesäubert, für 5.500 Euro versteigert. Heute ist die Toilette mit den Walzerklängen vor allem bei Touristen ein beliebter Ort, sei es, um die Notdurft zu verrichten oder um Fotos zu machen. Wien ist also nicht nur „ganz oberflächlich wegen seiner Oper berühmt" ist, sondern eben auch für die Opera Toilet.

Warum sind in manchen Ecken Wiens Metallstangen angebracht?

. . . .

Kaum einer hat sie vermutlich bislang bemerkt, doch wenn man einmal bewusst darauf achtet, sieht man sie gar nicht so selten: Metallstangen, die in versteckten Hausecken quer angebracht sind und so den Zugang zu eben diesen versperren. Beispiele – manchmal auch mit kunstvollen Schnörkeln oder gefährlich wirkenden Zacken – kann man im ersten Bezirk in der Blutgasse, in der Herrengasse, in der Himmelpfortgasse sowie rund um die Peterskirche entdecken. Auch die ehemaligen Wachhäuschen in der Hofburg sind durch eine Latte abgeschottet. Soll hier etwa Kindern, die Verstecken spielen wollen, der Zugang verwehrt werden?

Weit gefehlt, es geht hier um ein ganz anderes, allzu menschliches Bedürfnis: Die

dunklen, nicht einsichtigen Ecken sind ideale Standplätze für das männliche Geschlecht, um sich im Notfall unbemerkt zu erleichtern. Durch die Absperrung soll dies verhindert werden – so zumindest die hoffnungsvolle Theorie. Heutzutage werden die kleinen Zäune auch des Öfteren als Fahrradständer missbraucht.

Worauf beruht der penetrante Geruch in der U-Bahn-Station Stephansplatz?

. . . .

Wie in einem Bienenstock fühlt man sich in der U-Bahn-Station Stephansplatz das ganze Jahr hindurch. Den Mittelpunkt der Stadt und damit eine der wichtigsten Schnittstellen des Wiener Verkehrsnetzes passieren täglich bis zu einer Viertel Million Menschen. Kaum einer der Passanten lässt sich von dem Gestank stören, der an warmen Tagen in der Luft liegt, dabei ist dieser oft unerträglich. Woher kommt er eigentlich?

In den fünf unterirdischen Stockwerken hat sich kein mittelalterlicher Basilisk versteckt, das üble Aroma ist vielmehr einer Baumaßnahme aus den Siebzigerjahren zu verdanken: Zur Verfestigung des Bodens unterhalb des Stephansdoms wurde beim Errichten der U-Bahn ein Mittel verwendet, das bei wärmeren Temperaturen durch eine chemische Reaktion zur Entstehung von Buttersäure führt. Diese tritt mit dem Grundwasser aus und ist für den Geruch verantwortlich.

Warum fährt die U6 im Bereich des Westbahnhofs unterirdisch?

. . . .

Im Internet bezeichnet man die Geschichte als „urban legend", doch wenn man der Sache nachgeht, könnte sie schon wahr sein: Otto Wagner hatte die Stadtbahn entlang des heutigen Gürtels 1898 geplant, sie sollte anstelle des ehemaligen Linienwalls verlaufen. Einer war mit dieser Lösung nicht glücklich und wusste sich zu wehren. Der 1834 in Bayern geborene Karl Wimberger hatte für die Weltausstellung im Jahr 1873 direkt am inneren Neubaugürtel 34, in unmittelbarer Nähe zum damaligen Kaiserin-Elisabeth-Bahnhof (heute Westbahnhof), ein nach ihm benanntes Luxushotel erbauen lassen, das er bis zu seinem Tod mit 92 Jahren mit viel Engagement selbst leitete. Der gut vernetzte Geschäftsmann befürchtete, dass die Abgase und der Lärm der mit Dampf betriebenen Stadtbahn die feinen Gäste seines eleganten Etablissements belästigen könnten. Als Gemeinderat sowie enger Freund des umstrittenen Bürgermeisters Karl Lueger nutzte Wimberger wohl seine persönlichen Kontakte und seinen Einfluss, um zu erreichen, dass die Bahntrasse ab der Burggasse bis zum Westbahnhof unter die Erdoberfläche verlegt wurde.

Es war wohl auch kein Zufall, dass Wimberger Mitglied der Kommission der Verkehrsanlagen war und später ein „Schnellfahrts-Omnibus-Unternehmen" gründete. Es geht eben nichts über gute Beziehungen ...

Die Stadtbahn wurde übrigens in den Zwanzigerjahren elektrifiziert und 1989 als U6 in das Wiener U-Bahnnetz integriert. Wie die Gäste von einst stört sie wohl auch jene des heutigen Hotel Wimberger (Neubau 2004) kaum.

Wo findet sich der Lemoni-Berg?

Die Kirche am Steinhof, ein Meisterwerk des Jugendstil-Architekten Otto Wagner, zählt zu den eher versteckten Sehenswürdigkeiten Wiens, obwohl sie schon von weitem sichtbar ist. Weit draußen im 14. Bezirk gelegen, wurde die dem Heiligen Leopold geweihte Kirche auf dem Areal der Heilanstalt für Nerven- und Geisteskranke am Steinhof errichtet. Bei der Eröffnung im Oktober 1907 konnte man in der Presse lesen: „Und ist es nicht eine hübsche Ironie des Schicksals, dass so ziemlich das erste vernünftige sezessionistische Gebäude großen Stils in Wien für die Irrsinnigen gebaut worden ist?"

Der für die damalige Zeit hypermoderne Bau, bei dessen Ausgestaltung im Innenraum man sich an den besonderen Be-

dürfnissen der Patienten orientierte, steht am höchsten Punkt der Baumgartner Höhe. Farbe und Form der mächtigen, mit Blattgold überzogenen Kuppel der Otto-Wagner Kirche erinnerten wohl so manchen an eine halbierte Zitrone, sodass man bald vom Lemoni-Berg sprach. Der Begriff ist zusammen mit jenem vom Steinhof auch ein Wiener Synonym für eine psychiatrische Klinik. Letztere Bezeichnung bezieht sich übrigens auf die alten Steinbrüche und -lager, die hier einst zu finden waren.

Was versprach der Maler Ernst Fuchs als Kind seiner Mutter?

. . . .

Es klingt fast nach einem Märchen: Bei einem Spaziergang am grünen Rande Wiens kommt ein achtjähriger Bub mit seiner Mutter an einer prächtigen Villa vorbei und verspricht ihr: „Mama, wenn ich einmal groß bin, schenke ich dir dieses Haus." Das Kind war der 1930 in Wien-Ottakring geborene Maler, Zeichner, Bildhauer, Baukünstler und Visionär Ernst Fuchs, das versprochene Gebäude die berühmte Sommervilla

des Jugendstil-Architekten Otto Wagner, die dieser für seine Familie im Jahr 1888 errichten hatte lassen. Im Jahr 1972, kurz vor dem drohenden Abriss des völlig desolaten Hütteldorfer Palais, löste Fuchs sein Versprechen ein und kaufte das Gebäude samt Grundstück am Wienerwald. In mühevoller Kleinarbeit renovierte der Mitbegründer der Wiener Schule des phantastischen Realismus das Haus so weit wie möglich im Sinne des ursprünglichen Bauherrn, aber auch nach eigenen Vorstellungen, da viele Details bereits zu verfallen und nicht mehr zu rekonstruieren waren. Heute schmücken Ölgemälde im Stil der Alten Meister, Grafiken und Möbel aus Eigenproduktion die repräsentativen Räume. Die eleganten, von Adolf Böhm entworfenen Tiffany-Fenster im linken Flügel, ein letzter Teil der Wagner-Originaleinrichtung, zeigen den Wienerwald im Wandel der Jahreszeiten – Fuchs hatte sie vom Müll retten können und restauriert. Heute sind die größten profanen Jugendstilfenster Österreichs das Glanzstück des 1988 eröffneten Ernst Fuchs Museums. Bis dahin hatte Fuchs die Villa als Atelier genutzt und dort viele berühmte Persönlichkeiten wie Oskar Werner, Placido Domingo, Yoko Ono oder Falco empfangen und teils gemalt. Schon zu Zeiten Otto Wagners fanden hier illustre Feste mit dem Who is Who der Wiener Künstlergesellschaft statt: Gustav Klimt, Josef Hoffmann, Adolf Loos, Gustav Mahler, Alma Mahler-Werfel und viele andere genossen die Gastfreundschaft des berühmten Architekten. Bereits 1912 verkaufte Wagner die Villa an den Theater-Impresario Ben Tiber. Er wurde von den Nationalsozialisten enteignet, diese organisierten von hier aus im Auftrag Baldur von Schirachs die Aktivitäten der Hitlerjugend. Nach dem Zweiten Weltkrieg fiel die Villa in einen Dornröschenschlaf und wurde fast ein Opfer von Spekulationsgier, ehe Fuchs sie aus eigenen Mitteln zum zweiten Mal rettete.

In seinem letzten Roman „Der Grenzwald" (1962) beschrieb der Schriftsteller Heimito von Doderer die Wagner-Villa folgendermaßen: „Hier war nun rechts über der Straße am Hange ein Haus zu sehen, ja eigentlich ein Palast, wie es einen solchen weitum nicht gab. Auf hohen mächtigen Säulen schwebte und schattete das flache Dach, und links und rechts warf der schwere, über seine Terrasse liegende Mittelbau fast zarte schmächtige Seitenflügel von sich, deren Wände auf den ersten Blick nur aus buntem Glas bestanden, von schmalen Pfeilern geteilt."

Im Großen und Ganzen entspricht der Bau auch heute noch dieser Schilderung, allerdings zieren die Villa und deren Garten nun farbprächtige Fuchs-Skulpturen und andere fantastische Kunstwerke. Mit der Bewahrung des außergewöhnlichen Jugendstiljuwels hat sich Fuchs, der im Laufe seines ereignisreichen Lebens sechzehn Kinder mit sieben Frauen gezeugt hatte und im November 2015 im Alter von 85 Jahren in Wien verstarb, das schönste Denkmal selbst gesetzt.

Was ist unter dem Musikantengehege
zu verstehen?
. . . .

Die Wiener Hofmusikkapelle ist eine der ältesten musikalischen Einrichtungen der Welt. Auch wenn es bereits Vorläufer gab, gilt der 7. Juli 1498 als ihre Geburtsstunde – an diesem Tag stellte Kaiser Maximilian I. einen Kapellmeister, drei Bassisten und sechs Knaben für die Kapelle in der Wiener Hofburg fix an. Seitdem besteht diese Institution und erfreut Gäste von nah und fern jeden Sonntag bei den musikalisch auch von den Wiener Sängerknaben untermalten Gottesdiensten.

Die Hofmusikkapelle erlebte ihre Glanzzeit unter den komponierenden Habsburger-Kaisern, von Ferdinand III. bis zu Karl VI.. Letzterer war besonders musikbegeistert und ließ keine Gelegenheit aus, seiner Kapelle, die inzwischen auf 120 Mitglieder angewachsen war, zu lauschen und manchmal auch selbst zu dirigieren. Als Zeichen seiner Wertschätzung erhielt das Orchester ein ganz besonderes Privileg: Die Musiker durften gegen Anmeldung und Gebühr im eingezäunten kaiserlichen Wildgarten am Fuße des Kahlenbergs jagen gehen – ein Vorrecht, das sonst dem hohen Adel vorbehalten war. Da sich in dem abgegrenzten Waldstück fortan viele Musiker tummelten, sprach die lokale Bevölkerung bald scherzhaft vom „Musikantengehege". Der originelle Name geriet bald in Vergessenheit, das Gebiet heißt heute Krapfenwaldl.

Woher stammt der Name Krapfenwaldl?

Meist erinnert man sich bei dem Namen an ein außergewöhnliches Sommerbad im 19. Bezirk. Idyllisch liegt es mitten im Wienerwald und bietet einen fantastischen Blick auf die Stadt. Das Bad der Gemeinde Wien stammt aus den Zwanzigerjahren, das namensgebende Krapfenwaldl ist aber schon viel älter. Ein biedermeierlicher Wanderführer aus dem Jahr 1835 bringt den Namen damit in Zusammenhang, dass „der Hügel wie ein Krapfen, mit der bildlichen Sprache des Volkes zu reden, zwischen den beiden Thälern liegt". Aber diese Erklärung scheint zu einfach.

Um den Ursprung des Krapfenwaldls ranken sich spannendere Geschichten und Legenden. So soll an einem Faschingsdienstag ein armer Handwerksbursch durch den Wald gegangen sein und große Lust auf Krapfen bekommen haben. Plötzlich stand eine Schüssel mit dem süßen Gebäck vor ihm – und dazu ein kleines, schwarz gekleidetes Männchen, der

Teufel. Dieser verlangte die Seele des jungen Mannes, der aber lachte und wollte einen Beweis, dass er tatsächlich der Teufel sei. „Verwandle dich zuerst in eine große Eiche und dann in eine kleine Eichel! Dann will ich dir glauben!" Der Teufel tat, wie ihm geheißen, verwandelte sich zuerst in einen mächtigen Baum und danach in eine kleine Eichel. Der Bursche aber packte letztere und marschierte damit in seine Werkstatt. Dort schlug er so lange auf die Baumfrucht ein, bis der Teufel um Gnade bat und versprach, ihn zu verschonen. Von dieser Sage soll sich der Begriff ableiten.

Es kursiert aber noch eine andere Mär zum Krapfenwaldl, die in Zusammenhang mit der Erfindung der süßen Verführung steht: Die Bäckerin Cäcilie Krapf soll aus Wut über ihren Lehrling ein Stück Teig nach ihm geworfen haben. Der Batzen landete im heißen Fett, das daraus den allseits beliebte Krapfen brutzelte. Cäcilie soll mit ihrer mit Marmelade gefüllten Spezialität so viel Geld verdient haben, dass sie sich das später nach ihr benannte Krapfenwaldl kaufen konnte.

Nun, auch das ist nur eine Legende, die Gegend ist jedoch tatsächlich nach einer Person namens Krapf benannt, die allerdings nichts mit Süßspeisen zu tun hatte: Franz Joseph Krapf, ein geheimer Kriegsrat, hatte sich hier im 18. Jahrhundert ein Waldhaus bauen lassen, das bald Krapfenhütte genannt wurde. Dieses wechselte öfters den Besitzer und wurde zu einem beliebten Ausflugsgasthaus ausgebaut, bei dem auch die Zahnradbahn, die einst von Nussdorf auf den Kahlenberg zuckelte, Station machte. 1909 erwarb die Gemeinde Wien das Krapfenwaldl samt Lokal und baute dieses zunächst zu einem großen Volksrestaurant aus. Nach dem Ersten Weltkrieg wurde beides Teil des neuen Sommerbades. Und noch heute kann man das historische Flair fühlen, wenn man ins Krapfenwaldbad zum Schwimmen kommt. Wobei – das Baden spielt hier gar nicht die Hauptrolle, sondern eher das Sehen und gesehen Werden.

Wie kam das Gänsehäufel zu seinem Namen?

....

„I steh aufs Gänsehäufl, und auf Italien pfeif i!", sang schon Rainhard Fendrich in seinem Hit „Strada del Sole" in den Achtzigerjahren. Auch andere Wiener schwören auf das größte Sommerbad Europas, das an heißen Tagen bis zu 30.000 Besucher aufnehmen kann. Das Eiland inmitten der Alten Donau im 22. Bezirk ist, wie auf der Website zu steht, „die Insel im Herzen der Wienerinnen und Wiener" und spiegelt wie kaum ein anderer Ort deren Seele wider.

Ursprünglich hatte die noch unregulierte Donau hier Erdreich angeschwemmt, auf dem bald Gänse gezüchtet wurden – es waren also nicht die Ausscheidungen namensgebend, wie manche meinen könnte! Schon um die Jahrhundertwende huldigte man hier der Badekultur. Der erste Pächter der Insel war Florian Berndl (1856–1934), der seiner Zeit weit voraus war. Der Waldviertler mit dem wilden Vollbart empfahl seinen Anhängern, von den Skeptikern spöttisch Berndlnarren genannt, Luft-, Sand- und Sonnenbäder auf dem Gänsehäufel. Hier lebte der meist nur mit einem Schurz bekleidete Berndl auch mit seiner Familie. Große Kritik löste der Umstand aus, dass Frauen und Männer gemeinsam badeten – und zwar nackt! Es verwundert nicht allzu sehr, dass der Naturapostel 1905 den Pachtvertrag verlor. Er gründete daraufhin am Ufer gegenüber die Kolonie Brasilien, die heute noch in der Kleingartensiedlung Neu-Brasilien mit dem gleichnamigen Gasthaus weiterlebt. Inspiration für den exotischen Namen waren die weißen Sandstrände, die es hier einst gab.

Das Gänsehäufel wurde 1907 als städtisches Bad eröffnet und kontinuierlich zum Freizeitparadies ausgebaut. Heute ist es ein Eldorado für Familien, Sportler, Sonnenhungrige und FKK-Liebhaber. Besonders letztere hätten Florian Berndl bestimmt gefallen.

Was ist am Stephansdom nicht ganz jugendfrei?

. . . .

Der Stephansdom mit seiner fast 900-jährigen Geschichte ist nicht nur Gotteshaus und Kraftort für unzählige Gläubige, sondern auch ein Hort sagenhafter Geschichten, rätselhafter Inschriften und mystischer Zahlenspiele. Das ist nicht weiter verwunderlich. Überraschenderweise zeigt das Wahrzeichen Wiens in der Nähe des Haupteingangs, aber auch etwas, das als nicht jugendfrei bezeichnet werden kann: die Geschlechtsmerkmale von Mann und Frau, und zwar nicht im übertragenen Sinn, sondern ganz realistisch und fast plakativ – man muss nur genau schauen. An der Westfassade befinden sich links und rechts vom Riesentor zwei Uhren in ehemaligen Rundfenstern. Darunter findet sich jeweils ein Doppelpilaster, der an der Spitze mit einem besonderen Schmuck bekrönt ist: Auf der

linken Seite ist ein Phallus zu sehen, während auf der rechten Seite eine zweifelsohne schwerer darzustellende Vulva zu erkennen ist. Es sind dies Fruchtbarkeitssymbole, die vermutlich auf alte heidnische Bräuche zurückgehen. Man erinnere sich, dass früher Frauen im linken Kirchenschiff und Männer rechts saßen. Die hier abgebildeten Genitalien wurden aber genau umgekehrt angebracht. Damit sollte wohl angedeutet werden, dass sich die Geschlechter doch mischen müssen, damit die Menschheit nicht ausstirbt, was ja letztlich auch nicht im Sinne der Kirche sein kann.

Warum arbeitet am Stephansdom ein Steinmetz in einem rosafarbenen Arbeitsanzug?

. . . .

Es gibt seit über 125 Jahren eine Wiener Spezialität, die den Stephansdom offiziell im Logo führt: die weit über die Grenzen bekannten Manner-Schnitten. Der Erfinder Josef Manner hatte seinerzeit sein Geschäft auf dem Stephansplatz Nummer 6 (unweit des heutigen Flagshipstores) und blickte jeden Tag auf die mächtige Domkirche. Das brachte ihn auf die Idee, diese als „Markenschutzzeichen" einzutragen. Damit ist dies eines der ältesten Logos Österreichs – und Manner die einzige Firma abgesehen von der katholischen Kirche, die den Dom in ihrem Markenzeichen verwenden darf. Als Dank dafür übernimmt der größte Süßwarenhersteller Österreichs seit über vierzig Jahren die Kosten für einen Steinmetz. Dieser gehört zur Dombauhütte und arbeitet an der wohl immerwährenden Renovierung von St. Stephan. Von seinen Kollegen hebt er sich allerdings deutlich ab, denn sein Arbeitsanzug hat die in der Branche doch eher ungewöhnliche Farbe Altrosa – ebenso wie die Verpackung der Haselnusscreme-Schnitten.

Was stimmt an einem der Adler am Dach des Stephansdoms nicht?

. . . .

„Der Teil gerade zu unseren Füßen ist die eigentliche Stadt. Wir sehen sie wie eine Scheibe um unseren Turm herumliegen, ein Gewimmel und Geschiebe von Dächern, Giebeln und Schornsteinen, Türmen, ein Durcheinanderliegen von Prismen, Würfeln, Pyramiden, Parallelepipeden. Kuppeln, als sei das alles in toller Kristallisation an einander geschossen, und starre nun da so fort. – In der Tat, von dieser Höhe der Vogelperspektive angesehen hat selbst für den Eingeborenen seine

Stadt etwas Fremdes und Abenteuerliches, so daß er sich für den Augenblick nicht zu finden weiß."

So schilderte der Schriftsteller Adalbert Stifter in einem Essay über Wien den Blick vom „Sankt Stephansturme". Die Aussicht von oben fasziniert bis heute. Aber es ist auch interessant, entweder aus der Vogelperspektive oder auch von unten auf die das Dach zierenden Adler am Dom zu blicken. Auf der Südseite des Chors prangt zur Erinnerung an die Habsburgermonarchie der mächtige Doppeladler mit den Initialen von Kaiser Franz I. – er hatte das Dach 1831 renovieren lassen. Auf der anderen Seite erinnert die Jahreszahl 1950 an den Wiederaufbau des Wiener Wahrzeichens nach den Zerstörungen des Zweiten Weltkriegs. Hier sind gleich zwei Adler dargestellt, dafür nur mit jeweils einem Kopf. Der linke Adler symbolisiert die Bundesrepublik Österreich, der rechte hält das Wappen der Stadt Wien. So weit, so gut – aber wo ist denn nun der Fehler? Beide Adler blicken zueinander, was heraldisch nicht korrekt ist. Der Bundesadler müsste eigentlich auch nach rechts gewandt sein, aber das hätte das Gesamtbild gestört, sodass man sich aus ästhetischen Gründen dazu entschloss, einfach ein bisschen zu schummeln.

Warum wurde in Sievering einer Gans ein Denkmal errichtet?

Sievering ist ein beschaulicher Weinort, der heute zu Döbling, dem 19. Bezirk, gehört. Anders als ins weltberühmte Grinzing nebenan verirren sich kaum Touristen hierher, um sich beim Heurigen den Wiener Wein schmecken zu lassen. Daher kennen nur wenige ein ganz außergewöhnliches Denkmal, das sich auf Höhe der Sieveringer Straße 116 befindet. Auf einem charmanten, kleinen Platzl mit Pflastersteinen und einem

gusseisernen Brunnen ruht die Bronzeskulptur einer Gans.
Wer hier an knusprige Martini-Ganserln denkt, die man, be-
gleitet von einem Staubigen – dem noch jungen Wein – rund
um den 11. November am besten beim Heurigen verspeist,
liegt völlig falsch. Hier handelt es sich nicht um ein Denkmal
für eine anonyme Gans, sondern für Lilli.

Einst war hier die Endhaltestelle der Straßenbahnlinie 39.
Auf den Gleisen sonnte sich viele Jahre lang die Gans Lilli, die
sich auch vom wildesten Gebimmel des Schaffners nicht aus
der Ruhe bringen ließ. So musste der Tramlenker jedes Mal
aussteigen und Lilli von den Gleisen heben, um weiterfahren
zu können. Lilli starb eines natürlichen Todes, die Tramway
wurde 1970 eingestellt und stattdessen die Autobuslinie 39A
eingeführt. 1987 hat der Sieveringer Heurige Dreikugelscha-
chinger Lilli ein Denkmal gesetzt, „als Symbol der Gemüt-
lichkeit und dörflichen Ruhe", wie auf der Inschrift zu lesen
ist. Wer sich von dem beschaulichen Platzl selbst ein Bild machen möchte, setzt sich am besten in das daneben liegende
Café Nest, was für ein passender Name!

Gibt es auch schwarze Lipizzaner?

. . . .

Seit 2010 gehört die „Klassische Reitkunst und die Hohe Schule der Spanischen Hofreitschule" zum immateriellen Kulturerbe der UNESCO, eine besondere Auszeichnung für die mit über 450 Jahren älteste Reitschule der Welt, in der die hohe Schule des Reitens gelehrt wird. Unumstrittene Stars sind die berühmten weißen Hengste, deren Ruf weit über die Grenzen hinausschallt und Gäste von nah und fern nach Wien

lockt. Aber von schwarzen Lipizzanern hat man noch wenig gehört. Für viele Laien auf dem Gebiet der Pferdewissenschaft ist es schon eine Überraschung, dass alle Lipizzaner dunkel auf die Welt kommen und erst später ihre Farbe ändern. In der Vergangenheit gab es sie in allen Farbschattierungen, wie man auch auf Gemälden des berühmten Pferdemalers Johann George von Hamilton sehen kann. Doch im Laufe der Zeit wurden nur noch weiße Lipizzaner gezüchtet. So werden in den meisten Fällen die edlen Pferde im Laufe von circa sechs Jahren schneeweiß, aber aus genetischen Gründen bleiben manche auch dunkel. Einer von ihnen ist traditionell auch Hengst in der Truppe der Spanischen Hofreitschule – nicht als schwarzes Schaf, sondern, ganz im Gegenteil, als Glücksbringer. Denn die Legende besagt: Solange zumindest ein schwarzer oder brauner Lipizzaner dabei ist, wird die Spanische Hofreitschule weiter bestehen.

Warum finden sich auf dem Dach der Stallburg unzählige Rauchfänge?

....

Die Stallburg ließ Kaiser Ferdinand I. im 16. Jahrhundert eigentlich als Residenz für seinen Sohn errichten. Nach dem Tod des Vaters blieb Kaiser Maximilian II. aber lieber in der alten Burg. Das für Wien einzigartige, dreistöckige Renaissance-Gebäude wurde zu Hofstallungen für seine spanischen Leibpferde umgebaut. In den oberen Stockwerken war bis ins 18. Jahrhundert die kostbare Gemäldesammlung der Habsburger untergebracht, die nach einer circa hundertjährigen Zwischenstation im Belvedere heute im Kunsthistorischen Museum zu bewundern ist. Im Erdgeschoß haben immer noch Pferde, und zwar die berühmten Lipizzaner, ihr Quartier. Bei einem Blick von der Stallburggasse in den Arkadenhof fallen die vielen Rauchfänge auf dem Dach auf. Diese waren damals ein wichtiges Statussymbol. Die hohe Anzahl der Schornsteine sollte dem Betrachter des Gebäudes zeigen, dass in der

Längsachse darunter jeder Raum beheizbar war – ein Zeichen von schier unfassbarem Luxus, der bei der kaiserlichen Familie keinesfalls überraschend sein mag. Doch etwa die Hälfte der Rauchfänge ist nur Attrappe und hatte gar keine Verbindung zu den einzelnen Zimmern. Auch bei den Habsburgern war nicht immer alles Gold, was glänzt – und manchmal regierte mehr Schein als Sein.

Was hat das Schweizertor in der Hofburg mit Gustav Klimts Gemälde „Goldene Adele" gemein?

. . . .

Es klingt auf den ersten Blick gerade zu unglaublich, aber es gibt tatsächlich einen familiären Zusammenhang zwischen dem Schweizertor und Klimts berühmtem Porträt der „Adele Bloch-Bauer I".

Wenn man den Schweizerhof, vom Inneren Burghof kommend, betritt, kann man auf der linken Seite folgende Inschrift entdecken: „Restaur. in memoriam Caroli Altmann 1949". Sie stammt von Bernhard Altmann (1888–1980), einem international erfolgreichen Textilfabrikanten, der mehr als tausend Mitarbeiter beschäftigte. 1938 wurde er mit seiner Familie von den Nationalsozialisten aus Wien vertrieben. Bei seiner Rückkehr aus den USA schockierte ihn der erbärmliche Zustand des Schweizertors. Obwohl man ihm einst alles genommen hatte, stellte er aus seinen privaten Mitteln eine enorme Summe für die Renovierung des Tors zur Verfügung. Er tat dies in Erinnerung an seinen Vater Karl. Dieser hatte ihn als Kind hier immer auf die Schultern gehoben, damit der kleine Junge besser die Paraden beobachten konnte.

Bernhard, der als Emigrant in den USA wiederum ein Vermögen mit der Produktion von Kaschmirpullovern gemacht hatte, war der ältere Bruder von Fritz Altmann. Dessen Frau Maria war die Nichte und damit eine der Erbinnen von Ferdinand und Adele Bloch-Bauer (1881–1925). Letztere hatte sich zwar gewünscht, dass ihr 1907 von Gustav Klimt gemaltes Porträt einmal in der Österreichischen Galerie im Schloss Belvedere hängen solle. Allerdings hatten es die Nationalsozialisten ihrem Mann Ferdinand, einem Zuckerfabrikanten, 1938 gestohlen, sodass es unrechtmäßig in das Museum gekommen war. Nachdem es Jahrzehnte im Schloss Belvedere ausgestellt war, wurde das Jugendstil-Meisterwerk zusammen mit vier anderen Klimt-Bildern in einem Aufsehen erregenden Verfahren im Jahr 2006 an Maria Altmann restituiert. Die Republik Österreich machte vom Vorverkaufsrecht keinen Gebrauch, sodass die Gemälde auf dem freien Markt landeten. Der Kunstmäzen Ronald S. Lauder, Sohn der Kosmetikunternehmerin Estée Lauder, erwarb die „Goldene Adele" um rekordverdächtige 135 Millionen Dollar – zu dem Zeitpunkt war dies der höchste je erzielte Kaufpreis für ein Bild weltweit. Es ist heute in seiner Neuen Galerie in New York zu sehen. Maria Altmanns beharrlicher Kampf um das berühmte Porträt ihrer Tante wurde 2015 in dem Hollywood-Streifen „Woman in Gold" verewigt. Altmann, dargestellt von Helen Mirren, konnte den Film nicht mehr sehen. Die gebürtige Wienerin verstarb am 7. Februar 2011 in Los Angeles, wenige Tage vor ihrem 95. Geburtstag.

Übrigens: In der 1919 gegründeten, ehemaligen Textilfabrik von Bernhard Altmann in der Siebenbrunnengasse 19-21 in Wien-Margareten hat das Künstlerhaus vorübergehend seine neue Heimat gefunden, und zwar bis das Haupthaus am Karlsplatz fertig saniert ist – jene Künstlervereinigung, die Klimt einst verließ, um mit Gleichgesinnten die Secession zu gründen …

Was bedeutet „Ver Sacrum"?

In goldenen Lettern prangt der Schriftzug auf der linken Seite des Wiener Secessionsgebäudes und wird meist mit „heiliger Frühling" übersetzt. Die Jahreszeit, in der alles wieder zu wachsen beginnt, sollte auch die neue Blüte der Kunst symbolisieren, für die die Jugendstilkünstler stehen wollten. Dies zeigt sich auch in den kleinen Bäumchen, die das 1898 von Joseph Maria Olbrich geschaffene Gebäude zieren. Sie sind noch schwach, müssen wachsen und stärker werden – gleich dem noch jungen Stil. Die Secession mit seiner markanten Kuppel aus unzähligen vergoldeten Lorbeerblättern war das Ausstellungsgebäude für die neue Bewegung, die am 3. April 1897 von führenden Künstlern wie Gustav Klimt, Koloman Moser, Josef Hoffmann, Max Kurzweil und vielen anderen ins Leben gerufen wurde. Der Name steht für Abspaltung, wie etwa beim amerikanischen Sezessionskrieg, in dem es um die Trennung von Nord- und Südstaaten ging. In diesem Fall war die Abkehr vom konservativen Wiener Künstlerhaus gemeint, denn dort war man ganz dem Historismus verpflichtet und wollte von dem modernen Stil nichts wissen. Auch die von 1898 bis 1903 erscheinende Kunstzeitschrift der Secessionisten erhielt den Namen „Ver Sacrum". Diese Zeitschrift, im quadratischen Format und mit eleganten Jugendstil-Illustrationen der namhaftesten Künstler gestaltet, war das wichtigste Sprachrohr der Vereinigung.

Es gibt aber für den Begriff Ver Sacrum auch noch eine andere Deutung, die allerdings weniger bekannt, aber ebenso spannend ist. Das lateinische *sacrum* kann man nämlich auch mit „Opfer" übersetzen, sodass in diesem Fall auch die Deutung „Frühlingsopfer" möglich wäre – man denke etwa an „Le Sacre du Printemps" von Igor Strawinsky. In der Antike war es ein heiliger Brauch, dass von Zeit zu Zeit alle jungen Männer einer überbevölkerten Region oder Insel diese im Frühling verlassen sollten, um neues Land zu finden. Sie mussten also ein Opfer bringen und ihre Heimat hinter sich lassen. Das ist übrigens die ursprüngliche Bedeutung von *secedere*, von dem sich wiederum die Bezeichnung Secession ableitet. Die meist nicht mehr so jungen Jugendstilkünstler folgten diesem antiken Brauch, brachten im Frühling 1897 ein Opfer und wanderten vom traditionellen Künstlerhaus ab, um zu neuen Ufern aufzubrechen. Letzteres ist auch durchaus wörtlich zu nehmen, denn das Sezessionsgebäude mit dem berühmten Motto „Der Zeit ihre Kunst, der Kunst ihre Freiheit" über dem Eingang steht direkt am Ufer des überbauten Wien-Flusses.

Welches Gebäude nannte man in Wien das Künstlerversorgungshaus?

. . . .

Eines der wenigen Palais im ersten Bezirk, das sich immer noch in Privatbesitz befindet, ist das Stadtpalais der Familie Liechtenstein hinter dem Burgtheater. Das Eckgebäude in der Bankgasse wurde ursprünglich 1696 für den Grafen Kaunitz nach Plänen von Domenico Martinelli begonnen, aber bereits während der Bauarbeiten von Hans Adam I. Fürst Liechtenstein erworben. Zwischen 1836 und 1847 modernisierte der britisch-französische Innenarchitekt Peter Hubert Devignes das hochbarocke Majoratshaus mit Sitz des Familienoberhaupts und stattete es mit den neuesten technischen Raffinessen aus. Dazu zählten ein über vier Stockwerke führender Aufzug, ein Haustelefon mittels Kautschukschläuchen, eine Warmluftheizung, drehbare Spiegel-

türen, die man auch nach oben verschwinden lassen konnte, ein im Tanzsaal versenkbarer Zimmerbrunnen und vieles mehr.

Die Räume waren prunkvoll ausgestattet, mit gemusterten Intarsienböden von Michael Thonet, an den Wänden elegante Seiden- und Brokatstoffe sowie mit Blattgold und Fischsilber verzierte Decken. Letzteres besteht aus zerriebenen Schuppen von Weißfischen und sorgt für einen besonders schillernden Effekt.

Es gab Tage, an denen über hundert Handwerker und Künstler hier zu Werke gingen. Die lange Umbauzeit und die technischen Spielereien mit ihrer komplizierten Mechanik, die immer wieder Reparaturarbeiten nötig machten, trugen dazu bei, dass man in Wien bald über das „Künstlerversorgungshaus" witzelte. Der Umbau verschlang insgesamt vier Millionen Gulden (heute circa 120 Millionen Euro). Das ist in etwa so viel, wie auch die letzten Renovierungsarbeiten gekostet haben. Seit 2013 erstrahlt das Stadtpalais Liechtenstein in neuem altem Glanz und spielt, wie man in Wien so schön sagt, alle Stückln. Für die Gäste unsichtbar, verbirgt sich hinter der historischen Fassade die neueste Technik wie Ton- und Klimaanlagen, und elegante LED-Beleuchtung ersetzt das Kerzenlicht auf den mächtigen Kronleuchtern. Die Prunkräume samt der wertvollen fürstlichen Gemäldesammlung kann man an ausgesuchten Terminen besichtigen oder für Veranstaltungen mieten. Besonders stilvoll sind Konzertabende oder Lesungen. So profitiert auch heute noch der eine oder andere vom „Künstlerversorgungshaus".

Was wurde einst am Kohlmarkt verkauft?

· · · · · · · · · · · ·

Es handelt sich nicht um Gemüse, wie man auf den ersten Blick meinen könnte, sondern um Kohlen und anderes Heizmaterial. Bereits Mitte des 13. Jahrhunderts wurde der Witmarkt (Mittelhochdeutsch *wit*: Holz) erstmals erwähnt, noch heute kann man in der Hofburg Teile des Widmertors sehen, bei dessen Namen es sich um eine verballhornte Form der alten Straßenbezeichnung handelt. Obwohl der Markt schon im 14. Jahrhundert an den Oberen Werd beim heutigen Donaukanal im Bereich der Rossau verlegt und die Straße zu einer der vornehmsten der Stadt wurde, blieb die ursprüngliche Funktion im Namen Kohlmarkt erhalten – mit einer kurzen Ausnahme: Nach der Revolution von 1848 nannte man die prächtige Sichtachse zur Hofburg für kurze Zeit bedeutungsvoll Versöhnungsstraße.

Seit 1989 Fußgängerzone, ist der Kohlmarkt mit einem Quadratmeterpreis von 385 Euro (Stand 2015) pro Monat die teuerste Einkaufsstraße Österreichs und in einem Atemzug mit Nobelmeilen wie der 5th Avenue in New York und den Champs-Élysées in Paris zu nennen. Von den ehemaligen Hoflieferanten, die sich hier in der Nähe des Kaisers angesiedelt hatten, sind nach wie vor einige übrig geblieben, unter anderem der ehemalige Hofzuckerbäcker Demel, die Buchhandlung Manz sowie die Kammerjuweliere Rozet & Fischmeister. Neben einigen Wiener Traditionsgeschäften dominieren nun internationale Luxusfirmen das Straßenbild. Der Kohlmarkt bildet zusammen mit dem Graben und der Kärntner Straße das sogenannte Goldene U, das noch vom kürzlich eröffneten Goldenen Quartier auf den Tuchlauben komplettiert wird. Hier fällt es gut betuchten Shopaholics wirklich leicht, „Kohle" auszugeben.

Wie wurde die Schneekugel erfunden?

. . . .

Man liebt sie oder hasst sie: Schneekugeln sind entweder populäre Sammelstücke oder verhasstes Kitschsymbol. Die wenigsten wissen, dass das mit Wasser und weißen Flankerln gefüllte Rundglas auf einem Sockel eine Erfindung aus Wien ist. Ende des 19. Jahrhunderts wollte der „Chirurgie-Instrumente-Mechaniker" Erwin Perzy eine sterile Lichtquelle zur Verbesserung der Arbeitssituation in Operationssälen schaffen. Er nahm eine sogenannte Schusterkugel. Die mit Wasser gefüllte Glaskugel, die durch Lichtbrechung den Kerzenstein punktuell verstärkte, diente Handwerkern als wichtige Lichtquelle. Perzy fügte Glasstaub bzw. Gries hinzu und hoffte, durch Schütteln und der dadurch entstehenden Reflexion das Licht im Raum weiter zu streuen. Doch die Partikel sanken zu schnell ab, der Versuch scheiterte. Das brachte Perzy auf eine andere Idee: Zum Spaß goss er einem Freund ein zinnernes Miniaturmodell der Basilika von Mariazell und setzte dieses in die soeben erfundene Glaskugel mit Schnee-Effekt. Das Souvenir wurde mit Begeisterung angenommen – und Nachschub verlangt! Perzy ließ sich die neue Erfindung patentieren und konzentrierte sich auf deren Produktion. Mit großem Erfolg – bis heute werden die Glaskugeln von seinen Nachfahren in vierter Generation in der Original Wiener Schneekugelmanufaktur in der Schumanngasse 87 im 17. Wiener Gemeindebezirk hergestellt. In der Werkstatt ist übrigens auch ein kleines Museum mit Details zur Familiengeschichte sowie den schönsten Exponaten untergebracht.

Wiener Schneekugeln findet man heutzutage auf der ganzen Welt – amerikanische Präsidenten, Filmstars und gekrönte Häupter besitzen ein „Original". Fans der ORF-Talk-Show „Wir sind Kaiser" wissen, dass die Gäste Robert Heinrich I. meist eine Schneekugel mit zwei Kaiserpinguinen als Ge-

schenk überreichen – diese stammt natürlich aus dem Hause Perzy. Damit ist dies wohl das einzige Unternehmen, dass es geschafft hat, in republikanischen Zeiten „Hoflieferant" in Österreich zu werden.

In der Manufaktur stehen über 2.000 verschiedene Motive zur Auswahl – von Krapfen, die durch Schütteln scheinbar mit frischem Zucker bestreut werden, bis zum Riesenrad, dessen Umgebung man durch Umdrehen in eine Winterlandschaft verwandeln kann. Auch Individualanfertigungen sind möglich. Das Außergewöhnliche an den Wiener Schneekugeln im Vergleich zu den vielen Billigprodukten ist der Kunstschnee. Er wird nach Geheimrezept hergestellt und wirbelt bis zu eine Minute durch das Glas, um dann langsam für ein „Winterwonderland" zu sorgen. Ob nun geliebt oder gehasst – es ist auf jeden Fall ein originelles und originales Wien-Souvenir.

INHALT

Ausgewählte Literatur

· · · · · · · · · · · · ·

Peter Autengruber: Lexikon der Wiener Straßennamen. Bedeutung – Herkunft – frühere Bezeichnungen (Wien 2001).

Ruth Beckermann & Christa Blümlinger (Hg.): Fragmente einer Geschichte des österreichischen Kinos (Wien 1996).

Richard Benda & Harald Seyrl: Mörderisches Wien. City-Guide zu den Schauplätzen des Schreckens (Wien/Scharnstein 1997).

Christian Benedik: Die Albertina. Das Palais und die Habsburgischen Prunkräume (Wien 2008).

Thomas Bernhard: Alte Meister (Frankfurt 1985).

Giacomo Casanova: Geschichte meines Lebens, Band 2, siehe http://gutenberg.spiegel.de/buch/erinnerungen-band-2-605/13

Felix Czeike: Historisches Lexikon Wien (Wien 1992-2004).

Peter Diem: Die Symbole Österreichs. Zeit und Geschichten in Zeichen (Wien 1995).

Peter Diem, Michael Göbl & Eva Saibel: Die Wiener Bezirke. Ihre Geschichte – ihre Persönlichkeiten – ihre Wappen (Wien/Frankfurt am Main 2002).

Barbara Dmytrasz: Die Ringstraße. Eine europäische Bauidee (Wien 2008).

Heimito von Doderer: Der Grenzwald (München 1967).

Anna Ehrlich: Ärzte, Bader, Scharlatane. Die Geschichte der österreichischen Medizin (Wien 2007).

Anna Ehrlich: Auf den Spuren der Josefine Mutzenbacher. Eine Sittengeschichte von den Römern bis ins 20. Jahrhundert (Wien 2005).

Anna Ehrlich: Hexen – Mörder – Henker. Eine Kriminalgeschichte (Wien 2007).

Rupert Feuchtmüller: Die Praterstraße in der Wiener Leopoldstadt (Wien 1992).

Michaela Feurstein & Gerhard Milchram: Jüdisches Wien. Stadtspaziergänge (Wien/Köln/Weimar 2001).

Lisa Fischer: Lina Loos oder Wenn sich die Muse selbst küsst (Wien/Köln/Weimar 1994).

Dietmar Grieser: Weltreise durch Wien (St. Pölten/Wien/Linz 2002).

Edgard Haider: Wien im Wandel. Von den Babenbergern bis heute (Wien/Köln/Weimar 1996).

Axel Halbhuber: Wann verlor das Riesenrad seine Waggons? & 101 andere Fragen zu Wien (Wien 2013).

Brigitte Hamann: Elisabeth. Kaiserin wider Willen (Wien/München 1982).

Georg Hamann: 50 x Wien, wo es Geschichte schrieb. Unbekanntes, Unerwartetes, Unglaubliches (Wien 2016).

Ernst Häussermann: Das Wiener Burgtheater (Wien/München/Zürich 1975).

Franz Hawla: Wien wäre anders, wenn … Bekanntes und noch mehr Unbekanntes aus Wien (Wien 2000).

Karl Herring (Hg.): Das Wiener Kaffeehaus (Frankfurt am Main/ Leipzig 1993).

Wolfgang Hildesheimer (Hg.): Mozart Briefe (Frankfurt am Main 1990).

Historisches Museum der Stadt Wien (Hg.): 850 Jahre St. Stephan. Symbol und Mitte in Wien (Wien 1997).

Hannes Höttl: Warum gibt's in Wien ein Glas Wasser zum Kaffee? & 99 andere Fragen zu Wien (Wien 2015).

Hans Josef Irmen: Haydn. Leben und Werk (Köln/Weimar 2007).

Regina Karner & Michaela Kindinger (Hg.): Großer Auftritt. Mode der Ringstraßenzeit (Wien 2009).

Wolfgang Kos & Christian Rapp (Hg.): Alt-Wien. Die Stadt, die niemals war (Wien 2005).

Christine Klusacek & Kurt Stimmer: Döbling. Vom Gürtel zu den Weinbergen (Wien 1992).

Helmut Kretschmer: Beethovens Spuren in Wien (Wien 1998).

Helmut Kretschmer: Wiener Musikergedenkstätten (Wien 1992).

Andreas Lehne: Wie kommt der Hirsch aufs Dach? 60 erstaunliche Entdeckungen in Wien (Wien 2013).

Lina Loos: Das Buch ohne Titel. Erlebte Geschichten, hg. Von Alfred Opel & Herbert Schimek (Wien/Köln/Graz 1986).

Henriette Mandl: Wiener Altstadtspaziergänge (Wien 2001, aktual. Neuaufl.).

Bob Martens & Herbert Peter: Die zerstörten Synagogen Wiens. Virtuelle Stadtspaziergänge (Wien 2009).

Susanne Mauthner-Weber: Venuswege. Ein erotischer Führer durch das alte Wien (Wien 1995).

Sylvia Mattl-Wurm & Alfred Pfoser (Hg.): Die Vermessung der Zeit. Lehmanns Adressbücher 1859–1942 (Wien 2011).

Ilona Mayer-Zach: Döbling. Geschichten und Anekdoten – Ruckerl-
bahn, Reben und Rekorde (Gudensberg-Gleichen 2014).

Clemens Ottawa: Die steinernen Zeugen der Erinnerung. Denkmale
und Mahnmale in Wien (Wien 2013).

Peter Payer: Unterwegs in Wien. Kulturhistorische Streifzüge (Wien 2013).

Helmut Peschina (Hg.): Kaffeehaus-Frühling. Ein Wien-Lesebuch
(Köln 2005).

Peter Peter: Kulturgeschichte der österreichischen Küche (München 2013).

Angelina Pötschner: Wien, die kaiserliche Residenzstadt. Ein Führer
durch das imperiale Wien (Wien 2005).

Ursula Prokop: Wien. Aufbruch zur Metropole. Geschäfts- und
Wohnhäuser der Innenstadt 1910–1914 (Wien/Köln/Weimar 1994).

Steffen Radlmaier: Die Joel-Story. Billy Joel und seine deutsch-jüdische
Familiengeschichte (München 2009).

Josef Richter: Taschenbuch für Grabennymphen auf das Jahr 1787
(Rosenheim 1982).

Johannes Sachslehner: Wien. Stadtgeschichte kompakt (Wien 1998).

Susanne Schaber: Wien. Ein Reisebegleiter (Frankfurt am Main/
Leipzig 2007).

Robert Sedlaczek: Wörterbuch der Alltagssprache Österreichs (Inns-
bruck/ Wien 2011).

Anna Maria Sigmund: „In Wien war alles schön." Die Residenzstadt
aus Sicht berühmter Gäste (Wien 1997).

Helmut Summesberger & Robert Seemann: Geologische Spaziergänge
Wien Innere Stadt – vom Maria-Theresien-Denkmal zum Stephansdom (Wien 2008).

Johann Szegö: Vorstadt-Spaziergänge. Das alte Wien zwischen Ring
und Gürtel (Wien 2004).

Rudolf Ulrich: Österreicher in Hollywood (Wien 2004).

Petra Unger: Wiener Frauenspaziergänge. (Wien 2006).

Josef Weinheber: Wien *wörtlich (München 1935)*.

Edmund de Waal: Der Hase mit den Bernsteinaugen. Das verborgene
Erbe der Familie Ephrussi (Wien 2011).

Renate Wagner: Heimat bist du großer Töchter. Bedeutende Frauen
und ihre Geschichte (Wien 1996).

Reingard Witzmann: wunder.orte – zauber.zeichen. Sagenwege durch
Wien (St. Pölten/Wien/Linz 2003).

DANKSAGUNG

Bei der Recherche und der Suchen nach Bildmaterial haben mich zahlreiche Personen unterstützt, denen ich meinen Dank aussprechen möchte: DI Robert Angst/Architekt, Cornelia Blum/Öffentlichkeitsabteilung der Universität Wien, Mag. Helga Bock, MAS/Bestattungsmuseum Wien, Dr. Tina Breckwoldt/Wiener Sängerknaben, Mag. Maria Gattringer/Kunsthistorisches Museum, DI Barbara Ginzler/MA45 – Wiener Gewässer, Rainer Heilmann/Direktor Hotel Sacher, Ilse Jung/ Kunsthistorisches Museum, Ronald Kodritsch/Künstler, DI Peter Leithner/Stadtbaudirektion der Stadt Wien, Mag. Manfred Litscher/ Heeresgeschichtliches Museum, Mag. Michaela Münster/Jugendinfo Wien, Dr. Peter Roland/Maturaschule Dr. Roland, Elisabeth Sauter/ Stadtinformationszentrum und Bürgerdienst der Stadt Wien, Manfred Wimmer/Spanische Hofreitschule, Dr. Martina Winkelhofer/Historikerin, Schriftstellerin und Journalistin.

Mit Rat zur Seite standen mir auch zahlreiche meiner Fremdenführer-Kollegen, darunter Mag. Carles Batlle-Enriche, Mag. Tatjana Henfling, Martina Junghans, Wolfgang Horak, Bibiane Krapfenbauer-Horsky, Mag. Sigrid Massenbauer, KR Gertraud Schmidt, Alla Spieldiener und Svetlana Wolfik.

Für das in mich gesetzte Vertrauen und die angenehme Zusammenarbeit danke ich dem gesamten Metroverlag-Team, allen voran Kurt Hamtil, Sigrun Müller und Ulrike Leitner.

Ein besonderer Dank gebührt meinem Lebensgefährten Reza Sarkari, der die wunderbaren Fotos für dieses Buch gemacht hat, sowie meiner Schwester Franziska, die das Manuskript redigierte und mir wertvolles Feedback gab.

Für das mir entgegengebrachte Verständnis für meinen akuten Zeitmangel während des Schreibens danke ich meinem gesamten Freundeskreis sowie meiner Familie, vor allem meiner Mutter Uta.

Zum Schluss möchte ich auch meinen verstorbenen Vater Ernst erwähnen. Er hat mir die Liebe zum Lesen und das Interesse für Geschichte vererbt. Voller Dankbarkeit widme ich ihm dieses Buch.

Mit freundlicher Unterstützung:

 Kulturabteilung der Stadt Wien, MA7 – Wissenschafts- und
Forschungsförderung sowie Literaturförderung

HINWEIS:
Wer Lust auf einen Stadtspaziergang mit der Autorin
und Fremdenführerin bekommen hat, hier der Kontakt:

Mag. Katharina Trost
Tel.: +43 676 750 51 54;
Email: katharina@guides4you.at; www.guides4you.at

BILDNACHWEIS:
Reza Sarkari: S. 9, 13, 18, 19, 21, 32, 34, 38, 41, 42, 46, 47, 49, 51, 52,
57, 58, 61, 62, 67, 70, 72, 74, 75, 76, 77, 81, 88, 90, 95, 97, 100, 109,
114, 117, 127, 128, 131, 132, 134, 138, 141, 142, 143, 151;
BestattungsMU ZentralFH: S. 27; Thomas Hardy: S. 35;
Hotel Sacher Wien, Original Sacher-Torte: S. 44; Ferdinand Schmutzer:
S. 55; Max Halberstadt: S. 55; Johann N. Geiger: S. 66; Rudolf von Alt:
S. 69; M. Bermann: S. 83; Österr. Bundesgärten: S. 95; Die Wiener
Sänderknaben auf dem Passagierschiff Ile de France, USA-Tournee 1934:
S. 103; alle weiteren Bilder stammen aus dem Archiv des Metroverlags.
Der Verlag hat sich bemüht, alle Rechte abzuklären. Sollte es trotzdem in
einzelnen Fällen Rechteinhaber der reproduzierten Abbildungen geben,
bitten wir Sie, dem Verlag bestehende Ansprüche zu melden.

© 2017 METROVERLAG
Verlagsbüro W. GmbH
info@metroverlag.at
Alle Rechte vorbehalten
Printed in the EU
ISBN 978-3-99300-288-6